AF364106

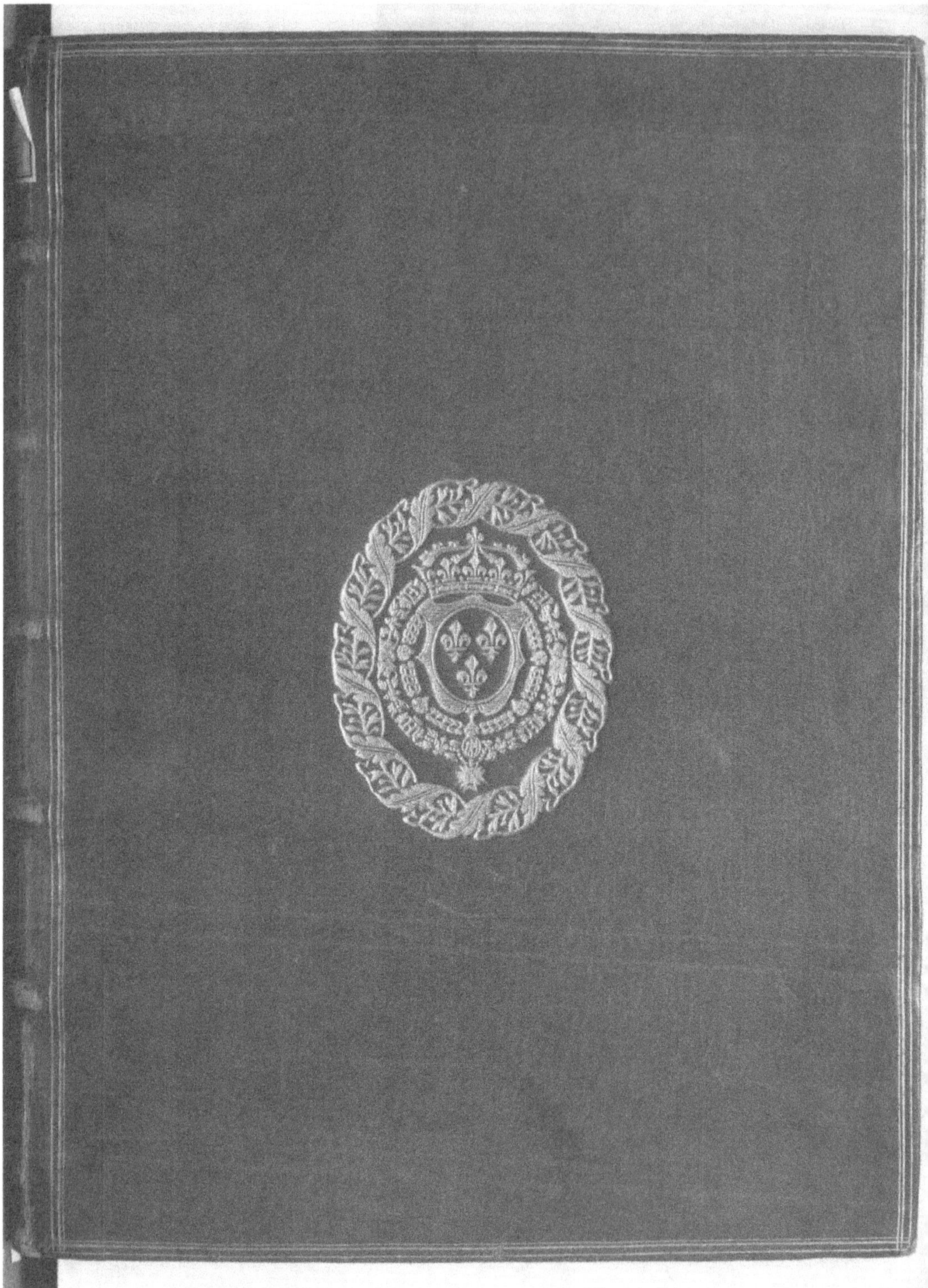

LA VIE

DES

PRÉDESTINEZ

DANS

LA BIENHEUREUSE

ÉTERNITÉ.

A PARIS,

Chez SEBASTIEN MABRE-CRAMOISY, Imprimeur
du Roy, ruë Saint Jacques, aux Cicognes.

M. DC. LXXXIV.

AVEC APPROBATION ET PRIVILEGE.

PRÉFACE.

CET Ouvrage est le fruit d'u-
ne maladie de prés de quatre ans, qui m'a plus instruit dans
les voyes de Dieu, si je l'ose dire,
que plusieurs années de Religion.
Ce fut pour me soustenir dans
mes langueurs, que je m'attachay
à méditer ces années éternelles,
que le Roy Prophete avoit sans
cesse devant les yeux. Il est vray
que la veûë de ce bienheureux
repos qui doit toûjours durer,
augmenta ma foy, & diminua
mes peines. Dieu-mesme me for-
tifia de telle sorte, & me remplit
de tant de consolation dans ces
méditations, que je commençay à

ā iij

Annos æternos in mente ha-bui. Psal. 76.

regarder la vie avec toute l'indi-
ference qu'il falloit pour me préparer tranquillement à la mort.

Rien aussi n'est plus capable
d'affermir le cœur de l'homme
dans les miseres dont il est environné , que la pensée de l'Eternité. Car on devient en quelque
façon invincible à toutes les dif-
graces , dés qu'on peut ouvrir
les yeux à la lueur de cette gloire , qui efface tous les objets
de la terre , pour ne plus laisser
voir que le Ciel. Toute autre
consolation est froide en comparaison de celle qu'on reçoit d'une
si sainte consideration : & ce ne
peut estre que la veûë de la lumiere de l'autre vie , qui puisse
donner la force qu'il faut , pour
porter paisiblement les ténebres
de celle-cy.

Comme c'est ce grand mystere de l'Eternité bienheureuse, le
plus ignoré de tous les mysteres
de nostre Religion, qui m'a for-
tifié dans mes foiblesses, & qui
m'a fait trouver au milieu de
mes souffrances la source de ma
paix, & mesme de ma joye dans
les dernieres années de ma vie :
j'ay cru que je pourrois peut-
estre édifier le public de luy pro-
poser le mesme objet, en luy re-
presentant quelle doit estre l'occupation des Prédestinez pendant
l'Eternité , & en luy montrant
en ce monde quelque rayon de
cette gloire , qui ne se décou-
vrira que dans l'autre. Heureux si
éclairé moy-mesme d'une lumiere si pure, je pouvois en répan-
dre quelque étincelle dans l'esprit
de ceux qui voudront bien se

donner la peine de jetter les yeux ſur cét Ouvrage !

Car pour moy j'avoüë que je ne comprens pas comment il ſe peut faire que nous entendions parler du Paradis avec tant de froideur & avec tant d'indifferen-ce, quand nous apprenons qu'un diſciple de Platon, aprés avoir leû le Traité que ce Philoſophe avoit écrit de l'immortalité de l'ame & de la beatitude, alla ſe précipiter pour en joüir plûtoſt : l'impatien-ce qu'il avoit d'eſtre heureux, ne pouvant luy permettre de retar-der ſon bonheur.

Quelle honte pour nous, qui ſommes Chreſtiens, & élevez dans la pureté des lumieres de la Foy, quand nous entendons dire à un Payen, que la ſeule penſée de l'Eternité luy avoit paru ſi agréa-ble,

Callimachus Cleombrotum ait, cùm nihil ei accidiſſet ad-verſi, è muro ſe abjeciſſe, lecto Platonis libro, &c. *Cic. lib. 1. Tuſcul.*

ble, qu'elle l'avoit dégousté de tout, & que cette mesme penséee ne nous ait encore pû détacher de rien! Avec quel front pouvons-nous aimer ce qui est perissable, voyant que ce Philosophe n'estoit plus touché que de ce qui est éternel? *Je ne prenois plaisir, disoit-il à son ami, qu'à penser à l'Eternité: j'abandonnois mon esprit à une esperance si douce; tout le reste me déplaisoit: & considerant mes infirmitez dans la caducité de mon âge, j'accusois ma vieillesse, qui me retardoit la possession d'une vie qui ne doit point finir.*

Quelle impression ne devroit point faire sur nos esprits ce grand objet de la gloire, tel que la Foy nous le propose, quand on nous dit qu'une éternité en idée dégouste un Infidele de tous les

é

biens de la terre ? Prévenu qu'il
est d'une connoissance imparfaite
& confuse que la Philosophie luy
donne d'une vie immortelle, il n'a
que du mépris & du dégoust pour
tout ce qui est perissable & mortel : & nous autres, avec un esprit
rempli des lumieres éternelles,
nous ne soupirerons qu'aprés ce
qui est temporel.

Touché moy-mesme d'un égarement si déplorable, qui regne
aujourd'huy dans la pluspart des
Chrestiens, j'ay cru qu'on ne seroit pas peut-estre tout-à-fait
insensible aux veûës toutes divines de cette Eternité bienheureuse, que j'ay ressenti en mon particulier : & que ce qui m'a servi de
méditation pour me soustenir en
secret dans mes infirmitez, pourroit servir d'instruction à tout le

monde. Mais comme j'ay senti
beaucoup mieux le bonheur de
ce glorieux avenir, que je ne le dis,
j'espere que ceux qui ont encore
plus de foy que moy, suppléront
par la force de leurs lumieres à la
foiblesse de mon discours. Et peut-
estre aussi qu'un dessein conceû
dans la souffrance, & formé dans
la douleur sera beni de Dieu :
parce qu'aprés tout les veritez
Chrestiennes ne fructifient jamais
mieux, que par la croix & par
l'infirmité.

C'est ainsi que j'espere, donnant cét ouvrage au public, conserver en moy les impressions salutaires que j'ay tirées de la consideration de l'Eternité bienheureuse, en les renouvellant dans le
cœur de ceux qui me feront l'honneur de m'écouter : & peut-estre

mesme que l'idée qu'ils se forme-
ront sur le plan que je leur fais
de la grandeur & de la majesté de
Dieu, dans l'attente des choses futures, les pourra occuper de telle
sorte, qu'ils oublieront jusqu'au
sentiment & jusqu'à la mémoire
des choses presentes. Quoy qu'il
en soit, j'espere que les plus tiedes
& les plus languissans sur l'importante affaire du salut, n'auront pas de peine à donner quelques momens de cette vie, pour
penser ce qu'ils seront éternellement dans l'autre.

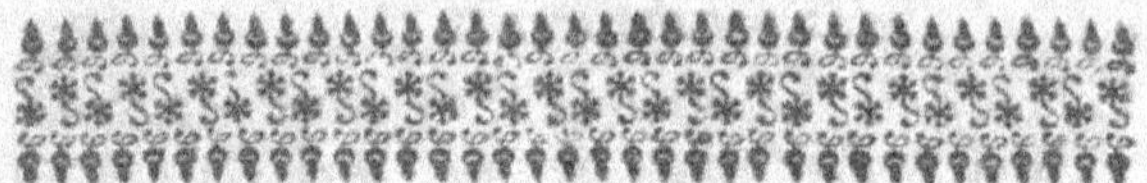

TABLE

DES CHAPITRES.

é iij

TABLE.

<hr>

AVERTISSEMENT.

QUoy-que l'Epistre de Saint Augustin, que je cite à la cinquiéme page, en laquelle il rend compte de ce qui luy arriva dans le dessein qu'il prit d'écrire du Paradis, passe pour suspecte parmi ceux qui ont examiné les Ouvrages de ce Saint : je ne laisse pas de m'en servir comme de Saint Augustin, parce qu'elle fait beaucoup à mon sujet ; & sans entrer dans la controverse, que je laisse à regler aux Sçavans, ce m'est assez que je la trouve au second Tome de cét Auteur, Epistre 205. dans l'édition d'Anvers par les Docteurs de Louvain, non pas dans l'Epistre 105. comme je l'avois marquée. Aprés tout, si elle n'est de Saint Augustin, elle est de bon lieu, & elle peut avoir son effet sur l'esprit de ceux, qui jugent des choses plus par elles-mesmes, que par leur Auteur.

LA

LA VIE
DES PRÉDESTINEZ
DANS LA
BIENHEUREUSE ÉTERNITÉ.

CHAPITRE PREMIER.

La proposition du dessein de cét Ouvrage.

NOSTRE Religion, qui est si noble dans ses sentimens, si sublime dans sa doctrine, si pure dans sa morale, si sainte dans ses maximes,

A

ſi auguſte dans ſes céremonies, ſi ma-
jeſtueuſe dans ſes myſteres, & ſi admirable dans toutes ſes parties, n'eſt
aprés tout ni agréable à noſtre égard,
ni tout - à - fait accomplie que par
l'eſperance de la récompenſe qu'elle
nous propoſe. Ce n'eſt auſſi que par
cette eſperance que nous recevons le
fruit de cette divine adoption que
Jeſus-Chriſt nous a meritée par le prix
de ce Sang adorable, qui a eſté la ré-
conciliation du Ciel & de la Terre:
puis que c'eſt par là que nous entrons
dans la poſſeſſion de l'heritage de Dieu,
qui eſt noſtre Pere, & dans la joûïſ-
ſance de tous ſes biens. Mais quoy-
qu'il n'y ait rien de plus établi dans la
Foy dont nous faiſons profeſſion, que
la promeſſe d'un royaume qu'elle nous
fait: on peut dire toutefois qu'il n'y a
rien de plus inconnu & de plus ignoré
que la gloire qu'elle nous promet. C'eſt
ce que je voudrois pouvoir éclaircir en
cét ouvrage, autant qu'il eſt permis à la
foibleſſe de l'eſprit humain de s'expliquer dans un ſujet ſi inexplicable, pour

apprendre au Chreſtien la grandeur de ſa deſtinée, & pour luy faire concevoir ce que Saint Paul enſeignoit aux Epheſiens : *quelle eſt l'eſperance à laquelle Dieu nous a appellez, & quelles ſont les richeſſes de la gloire de l'heritage, qu'il deſtine aux Saints.*

Ainſi mon deſſein eſt de propoſer à un voyageur fatigué des égaremens d'une courſe longue & incertaine, le terme de ſon voyage, & le lieu de ſon repos, en luy mettant devant les yeux ſa chere patrie plus à découvert ; c'eſt de montrer à un Pilote battu de l'orage le port où il prétend arriver ; c'eſt de faire voir à un eſclave chargé de fers cette douce liberté aprés laquelle il ſoupire ; c'eſt de découvrir à des hommes laſſez des illuſions du menſonge, ce que la verité a de plus réel & de plus ſolide dans les biens qu'elle promet ; enfin, c'eſt d'apprendre au Fidele l'accompliſſement du grand myſtere de la régeneration éternelle, quand dépouïllé des miſeres de cette chair corruptible dont il eſt environné, il

A ij

sera revestu de cette immortalité qui le fera vivre éternellement, dans le Royaume qui luy est préparé.

Mais n'est-ce pas une espece de présomption d'entreprendre d'écrire d'un sujet tellement relevé, qu'il n'est pas mesme permis à l'homme d'en parler, comme nous le dit l'Apostre ? En effet, où prendre des paroles pour exprimer des choses au dessus de toutes les idées qu'on s'en peut former ? Quel moyen de dire ce que l'œil n'a point veû, ce que l'oreille n'a point entendu, & ce que l'esprit n'a point conceû ? Et comment oser prétendre découvrir quelque trait des beautez de ce palais admirable, duquel les Saints Peres, qui sont les organes dont Dieu se sert d'ordinaire pour s'expliquer aux hommes, ne parlent eux-mesmes qu'avec des termes qui en diminuent la grandeur? Tout le monde sçait ce qui arriva un jour à Saint Augustin, qui s'estant enfermé dans son cabinet, prit la plume pour écrire ce qu'il pensoit de la bienheureuse Eternité, & pour en sçavoir le sentiment de Saint Jerôme. Il entendit une voix qui luy dit : *Que veux-tu faire, Augustin? A quoy penses-tu? Est-ce que tu prétens renfermer la vaste étenduë de la mer dans un vase aussi étroit que ton esprit? Crois-tu pouvoir comprendre ce qui n'a jamais esté compris?* C'est luy-mesme qui raconte cette aventure: & il ajouste qu'il ne put rien apprendre de Saint Jerôme, qu'il consultoit d'ordinaire sur les difficultez qu'il avoit, parce qu'il mourut le mesme jour, qu'arriva la lettre qu'il luy écrivoit. Enfin, quelle hardiesse de penser à ouvrir ce livre de vie, qui ne peut estre ouvert, dit Saint Jean, que par l'Agneau, lequel seul en sçait le secret? Ce livre est fermé à tout homme mortel, dit l'Apostre: l'Agneau qui l'a scellé de son Sang en sçait luy seul le mystere, & ce n'est qu'à luy à découvrir les merveilles du regne, qu'il prépare à ses Eleûs.

La Theologie mesme, qui est la science de nostre Religion, avec tous ses raisonnemens & toutes ses lumieres,

Augustine, quid agis? Censesne brevi vasculo immittere mare totum? quæ oculus nullius videre potuit, tuus videbit? quæ cor humanum nullatenus intellexit, existimas intelligere te posse? &c.
Epist. 105.

Nemo poterat, neque in cœlo, neque in terra, aperire librum, neque respicere illum.
Apoc. cap. 5.

ne fait que bégayer sur un sujet si profond. Seroit-il croyable, dit le Prophete, que les merveilles que Dieu operera dans les splendeurs de l'autre vie, pussent estre connuës dans les ténebres de celle-cy ? Et n'est-ce pas entreprendre quelque chose de plus, ce que ces bienheureux Israëlites, qui gémissoient dans la captivité de Babylone, n'osoient faire, de parler de la sainte Sion, & d'en chanter le Cantique à des esprits aussi profanes, que les Chrestiens de ces derniers siecles, & dans une terre presque aussi étrangere à la Religion, que l'estoit autrefois celle qu'habitoient alors ces saints exilez ?

On pourroit ajouster à tout cela nostre ignorance, la foiblesse de nos expressions, & la bassesse de nos termes dans une matiere tellement au dessus de nos connoissances, maistrisez, comme nous sommes, par ce qu'il y a de plus terrestre dans les operations de nostre imagination, & assujetis à la servitude continuelle de nos sens. Car si par la seule impression que nous sommes sujets d'en recevoir, nous n'avons souvent pas la force de parler de ce qu'il y a de grand dans l'homme, comment oserons-nous prétendre expliquer ce qu'il y a de grand & de magnifique dans Dieu ? N'est-ce point aussi trop chercher à pénetrer un secret, qu'il ne veut peut-estre pas luy-mesme qu'il soit approfondi ? N'est-ce pas entreprendre de manifester un mystere avant le jour destiné à sa manifestation, & dévoiler ce que la Providence a voulu cacher aux superbes, pour les punir de leur orgueil par cette ignorance ? Et n'ay-je pas raison de craindre que je ne deshonore la noblesse d'un sujet, dont je m'expose à diminuer le prix, en meslant l'imperfection de mes pensées dans un dessein, où il s'agit du plus ignoré de tous les mysteres. Car c'est vouloir entrer dans les veües de cette élection éternelle des Prédestinez, dont la seule pensée paroissoit à l'Apostre un abisme de ténebres ; & c'est en-

Notum facere sacramentum voluntatis suæ, secundùm beneplacitum ejus.
Ephes. cap. 1.

treprendre de déveloper ce secret impenetrable de la volonté de Dieu,
qui est caché dans les tresors de sa
sagesse, & dans les profondeurs de
ses jugemens, qui sont incomprehensibles.

Je ne laisse pas toutefois d'esperer
que traitant une si haute matiere avec
toute la circonspection qu'elle demande, c'est - à - dire, sans y mesler de
ces raisonnemens humains qui sont sujets à affoiblir les grandes choses, &
sans avancer rien que de solide, & de
conforme à la plus exacte verité : je
je ne puisse en donner quelque connoissance propre à contenter l'esprit, &
à toucher le cœur des Fideles. Car il
faut avoûër que quand on considere
de prés un sujet si sublime avec la simple lumiere de la raison, on s'expose de
retomber dans une espece d'obscurité,
qui pourroit diminuer la grandeur des
idées qu'on doit avoir de cét avenir si
inconnu & si inconcevable. N'écoutons
donc ni nos sens ni nostre esprit sur cette
matiere, où nostre raison n'entend rien ;

élevons

élevons nos veûës audessus de nous-
mesmes, ne consultons que Dieu &
la Foy sur une récompense, qui est audessus de tous nos desirs & de toutes
nos esperances : & nous pourrons estre
en estat de comprendre mieux le mystere de ce Royaume éternel, que nous
promet nostre Religion, & de nous y
affectionner davantage, que par ce que
la Theologie peut nous en apprendre,
& par tout ce que les Peres nous en
ont dit.

C'est aussi la regle que je me propose de suivre en cét ouvrage, pour
imiter l'exemple de Saint Bernard dans
un sermon qu'il a fait sur la beatitude
des Saints. Je ne prétens rien donner à
la présomption de mes pensées, ni à la
témerité de mes conjectures dans un
si important sujet. Je parle à un siecle
instruit, qui ne peut rien souffrir que
de solide : il n'y a proprement que la
Foy qui puisse le satisfaire dans la matiere dont il s'agit. La difficulté sera
de donner par le secours de la Foy
mesme aux Fideles d'assez grandes idées

B

de ce royaume, pour toucher leurs cœurs, & pour exciter leurs defirs à une fi glorieufe conquefte, qui n'eft que pour ceux qui victorieux d'eux-mefmes fe font une guerre fans relaf-che, pour fe faire violence en com-batant leurs inclinations, & pour fur-monter tous leurs ennemis en fe fur-montant eux-mefmes.

Mais c'eft à vous, mon Dieu, qui vous difpofez à découvrir en ce grand jour de l'éternité, par d'éclatantes mar-ques de voftre fouverain pouvoir, tout le poids & toute la gloire de voftre majefté, qui fera voir voftre divinité tout-à-fait dévoilée pour la rendre plus fenfible à l'homme : c'eft à vous, dis-je, mon Dieu, à me donner la lu-miere neceffaire pour pénetrer ces fain-tes & ineffables profondeurs de vous-mefme, dont parle l'Apoftre, c'eft-à-dire, la profondeur de voftre puiffance, & la profondeur de voftre fageffe ; pour expofer tous les trefors de voftre ma-gnificence, afin que je n'avance rien en ce difcours qui ne foit proportionné à

Regnum cœlo-rum vim pati-tur, & violenti rapiunt illud. Matth. cap. 11. 12.

Quod Deus re-velavit per fpi-ritum fuum. Spiritus enim omnia fcruta-tur, etiam pro-funda Dei. 1. Cor. c. 2.

la dignité de mon sujet, & que je n'affoi-
blisse point par la petitesse de mes pensées l'estime que doivent avoir les Fideles de la grandeur de la récompense
qui leur est promise.

Au reste, l'extréme importance
de cét ouvrage que j'entreprens est
si universellement reconnuë, que je
n'ay pas besoin de grands discours,
pour y interesser les Chrestiens, en
leur faisant connoistre quel en est le
prix, qui est si grand, que toutes les
exagerations qu'on en feroit luy seroient inferieures, & l'imagination ne
pourroit aller jusques à en former la
moindre idée.

CHAPITRE II.

*Que l'indifference en laquelle vivent la
pluspart des Chrestiens, sur le Paradis, ne vient que de l'ignorance, où
ils sont de la bienheureuse Eternité.*

LE reproche que le Prophete faisoit autrefois aux Israëlites, qui

sembloient n'avoir eû que du mépris
pour la terre promise, ce païs si délicieux, & si capable de toucher les
cœurs, pourroit se faire avec plus de
raison à la plufpart des Chrestiens,
qui regardent le royaume du Ciel avec
une efpece d'infenfibilité, & une froideur fi pleine d'indifference, qu'ils n'y
prennent, ce femble, aucun interest.
Ce païs de benediction, d'où les peines & les larmes feront éternellement
bannies ; cette celefte cité fi defirable
par la feule promeffe d'un repos qui
ne doit point finir ; ce palais, dont la
feule image furpaffe tout ce que l'efprit
humain peut imaginer de fomptueux
& de magnifique ; ce jour heureux qui
ne fera fuivi d'aucune nuit ; cette gloire dont l'éclat ne fera terni d'aucun
nuage ; enfin ce regne glorieux de
Jefus-Chrift, où Dieu fera éclater toute la magnificence de fa grandeur, &
où fa divinité paroiftra à découvert &
fans voile : tout cela, dis-je, ne fait
non plus d'impreffion fur le cœur de
l'homme que fi c'eftoit une fable ou

une chimere, ou que ce comble de gloire qu'on luy propose ne fust qu'en idée. Il semble qu'il regne dans l'ame des Chrestiens un esprit d'assoupissement pour les choses éternelles & pour le royaume du Ciel, semblable à cette profonde ignorance, qui aveugloit les enfans d'Israël, & les empeschoit de voir les merveilles que Dieu faisoit pour eux pendant leur demeure en Egypte, comme le Prophete leur reprochoit. La vivacité que nous avons pour les biens visibles & sensuels nous rend insensibles aux biens spirituels & invisibles : comme si nous n'avions pas pour fondement d'une esperance si certaine la parole de la Verité Eternelle, Dieu ne pouvant pas manquer d'estre fidele dans le Ciel à ceux qui luy auront esté fideles sur la terre.

Patres nostri non intellexerunt in Ægypto mirabilia tua. Psal. 105.

Non possunt cœlum aspicere, quoniam mens eorum humi defixa est. Lactan. lib. 1. de beata vita.

Mais enfin, pourquoy ce grand objet de l'Eternité, si propre à toucher nostre cœur, qui ne peut se satisfaire de rien, qui soit perissable & temporel, fait-il si peu d'impression sur nous? Et d'où peut venir cette miferable indifference qu'a l'homme pour un royaume éternel, si ce n'est de l'ignorance profonde où il vit des biens de l'autre vie, que Dieu prend plaisir de cacher aux sages du monde, pour les confondre par cette ignorance, & à le découvrir aux simples & aux humbles, comme il le déclare luy-mesme par le remerciment qu'il en fait à son Pere? C'est aussi ce que nous dit le Saint Esprit dans l'Ecclesiaste, quand il fait demander par Salomon : *Qui pourra mettre l'homme en estat de connoistre ce qui luy doit arriver aprés cette vie,* dans l'obscurité & dans les ténebres où il vit de la vie future? Ce ne peut donc estre que cette ignorance des choses du Ciel : il vit comme si l'éternité dont on luy parle n'estoit qu'un moment, & la vie qu'il mene icy devoit estre une éternité. C'est l'idée que l'homme dépourveû de sens a coustume de s'en former, comme l'enseigne le Prophete : car ou il ne voit rien dans les merveilles de la toute-puissance de Dieu, ou ce qu'il voit

Confiteor tibi, Pater, quòd abscondisti hæc à sapientibus & prudentibus, & revelasti ea parvulis.
Luc. cap. 10.

Quis hominem adducet, ut post se futura cognoscat?
Eccles. cap. 3.

Quàm magnificata sunt opera tua Domine. Vir insipiens non cognoscet, & stultus non intelliget.
Psal. 91.

ne fait point d'impreſſion ſur ſon
eſprit.

Cette ignorance aprés tout, dont le
cœur de l'homme eſt rempli pour les
choſes du Ciel, ne vient que de l'attachement qu'il a pour les choſes de
la terre, au ſentiment de Saint Grégoire. Les hommes, dit-il, prévenus
de l'amour des choſes temporelles &
paſſageres, ne comprennent rien dans
les éternelles, ou n'en ont que du
mépris aprés les avoir compriſes. Au
lieu d'élever les yeux vers cette celeſte lumiere, pour laquelle ils ſont
faits, & de ſoupirer aprés cette divine patrie qui leur eſt deſtinée, ils
s'affectionnent à leur exil, & à ce mi-
ſerable banniſſement auquel ils ſont
condamnez, recherchant dans leur
propre aveuglement le plaiſir qu'ils
devroient prendre dans la conſideration des choſes éternelles. Voilà l'eſtat
des gens du monde occupez de leur
vanité, & la diſpoſition de leur cœur
à l'égard de l'autre vie : ils n'ont
de l'empreſſement que pour les cho-

Dum appetunt
tranſitoria, æ-
terna vel non
intelligunt, vel
intellecta con-
temnunt; ne-
quaquam enim
ad veritatis lu-
cem, cui con-
diti fuerant,
mentis oculos
erigunt, nec ad
contemplatio-
nem patriæ æ-
ternæ deſiderii
aciem tendunt,
ſed ad ſemetip-
ſos in iis ad quæ
projecti ſunt de-
ferentes, vice
patriæ diligunt
exilium, quod
patiuntur, & in
cæcitate quam
tolerant, quaſi
in claritate lu-
minis exultant.
Greg. 1. Moral.
c. 26.

ſes preſentes, & que de l'indifference
& de la langueur pour les futures.
Cette ignorance aprés tout ne vient
que de l'aſſoupiſſement mortel, où l'en-
forcellement de l'amour du ſiecle plon-
ge l'eſprit de l'homme. C'eſt en cela
que conſiſte la miſere de ſon aveuglement : car enfin Dieu, par une conduite digne de ſa ſageſſe, ne fera naiſtre
dans nos cœurs les penſées du Ciel,
que quand nous y aurons détruit les
penſées de la terre.

Mais cette ignorance s'eſt encore
bien davantage fomentée par le peché,
auquel l'homme ſenſuel s'eſtant abandonné, n'a plus eſté ſenſible qu'à ce
qui frape les ſens; & ne regardant le
monde qu'avec des yeux ou curieux ou
ſuperbes, il n'a plus penſé à chercher
de beatitude que dans une vaine ſatisfaction de l'eſprit, ou dans un infame
commerce des ſens, s'abandonnant tout-
à-fait ou à l'agitation de ſon inquietude,
ou au déreglement de ſes deſirs, qui ne
luy promettent qu'une beatitude ſen-
ſuelle, ſans luy laiſſer porter ſes eſperances

rances au-delà des bornes de cette malheureuſe vie. C'eſt par cét égarement
d'eſprit qu'on ne s'affectionne qu'aux
choſes du monde, ſans ſe ſoucier des
choſes de Dieu, qu'on ne connoiſt
preſque pas: cette connoiſſance n'eſtant
que pour les ames épurées des intereſts
groſſiers de la terre, & de tous ces
vains projets de l'ambition, qui attache
le cœur à la vanité. Car enfin cette
ignorance profonde à laquelle Dieu
abandonne la pluſpart des hommes ſur
l'affaire de leur ſalut, n'eſt que le chaſti-
ment deû à leur orgueïl: parce qu'ils
ont préferé leur raiſon à cette divine
ſcience dont parle Zacharie, qui eſt
préferable à toutes les autres ſciences.
C'eſt le deſordre qui ſuit l'attachement
à la terre, & aux biens de la terre, où
l'on cherche une beatitude qui n'eſt
promiſe que dans le Ciel. En quoy pa-
roiſt combien eſt grande la fauſſeté
de la ſageſſe humaine, qui préfere ce
qui eſt temporel & periſſable à ce qui
eſt immuable & éternel; & qui par
une legereté volage court aprés de vains

Ad dandam ſcientiam ſalutis.
Zachar. Cantic.
Luc. cap. 1.

C

plaisirs, pour en perdre de veritables. Ainsi ce n'est proprement que les cœurs vuides & dégagez des inclinations de la terre, qui soient susceptibles des affections du Ciel.

De sorte que le Chrestien qui n'a pas toûjours devant les yeux cette bienheureuse esperance que luy propose la Foy, comme l'avoient autrefois ces Fideles dont parle Saint Paul à un de ses disciples, qui attendoient cette beatitude que nous esperons, & l'avenement de la gloire du grand Dieu nostre Sauveur; s'il ne médite sans cesse ces années éternelles que méditoit le Prophete, s'il ne nourrit son esprit des frequentes idées du saint avenir, & s'il n'éleve pas souvent son cœur à la contemplation de la gloire qui luy est promise, il rampera toûjours sur la terre chargé du poids de ses miseres, & revestu de sa corruption. Et c'est en quoy proprement consiste le malheur de l'homme, lequel environné qu'il est de toutes les foiblesses de sa condition mortelle, ne peut s'attacher qu'à ce qui

Expectantes beatam spem & adventum gloriæ magni Dei Salvatoris nostri.
Tit. cap. 2.

est terrestre, sans pouvoir s'élever audessus de luy. Au lieu de ne penser qu'à
l'éternité, il s'amuse à faire des obser-
vations sur le temps pour en distinguer
les differentes saisons, & pour en satisfaire sa curiosité, en remarquant jusques
aux moindres parties, pour ne laisser
rien échaper à ce qu'il y a de plus ra-
pide en sa course. Enfin il s'arreste à
tout ce qui passe, sans faire aucune réflexion à cette sainte éternité, où tous
ses desirs & toutes ses pensées devroient
s'attacher comme à la perfection & à
la consommation de toutes choses. Car
ce sera alors le temps de tout, le temps   Tempus omnis
de la misericorde, & le temps de la   rei tunc erit.
justice ; le temps de la misericorde, pour   *Ecclef. cap. 3.*
combler de graces & de faveurs les pe-
cheurs qui ont fait penitence ; le temps
de la justice, pour couronner les justes,
en punissant les coupables.

Mais il y a encore un autre obstacle
à la connoissance du Ciel, & à cette
science toute divine du salut, qui est
l'inquietude naturelle de l'homme, lequel se précipitant souvent dans ses

propres voyes, a couſtume de s'impatienter dans les voyes de Dieu : & par
cét eſprit d'impatience il s'amuſe à chercher ſur la terre une felicité, qui ne ſe
trouve que dans le Ciel. Il s'ennuye
meſme quelquefois dans la longueur
du chemin où il marche, regardant
derriere ſoy, comme cét ouvrier de
l'Evangile dont parle le Sauveur, qui
ayant mis la main à l'ouvrage n'eſt plus
propre au Royaume de Dieu, dés qu'en
détournant les yeux vers le lieu d'où
il eſt parti, il ſemble abandonner ſes
premieres réſolutions pour en prendre
de nouvelles. C'eſt ainſi qu'on perd
Dieu de veûë avec tous les biens qu'il
promet : parce qu'on cherche des con-
ſolations humaines par des ménage-
mens intereſſez : comme ſi la Providence qui nous guide, n'eſtoit plus capable de nous conduire. On ſe décou-
rage inſenſiblement dans les voyes du-
res de la tribulation, l'eſperance des
biens éternels s'efface peu - à - peu de
l'eſprit : comme ſi l'on n'y prétendoit
plus rien, ou bien que par un gouſt

secret pour les biens qu'on a quittez,
on commençaſt à concevoir du dégouſt
pour ceux où l'on aſpire.

Ce deſordre croiſt encore plus par
la diſſipation naturelle de l'eſprit de
l'homme, dans la pourſuite de ſes deſirs, de ſes intereſts, & de tous les mouvemens que luy donne ſa vanité, d'où
naiſt la paſſion déreglée qu'il a de s'a-
grandir, à quoy ſon ambition l'occupe
jour & nuit, ſans luy donner de repos.
Quand il eſt parvenu à ce qu'il avoit
ſi ardemment recherché, il y trouve
de nouveaux ſujets de chagrin : & aprés
s'eſtre long-temps tourmenté pour des
honneurs qu'il faut quiter, ou pour des
emplois qu'il ne peut ſouſtenir, il luy
arrive enfin le dernier de tous les mal-
heurs, qui eſt de perdre un établiſſe-
ment éternel, en courant avec tant
d'ardeur & avec tant d'empreſſement
aprés des établiſſemens temporels.

D'autres au contraire cherchent leur
beatitude dans leur oiſiveté, ſemblables à cét inſenſé de l'Eccleſiaſte, qui
mettant ſes mains l'une dans l'autre,

mange son bien en disant, qu'un peu de nourriture dans le creux de la main pris en repos, vaut mieux que les deux mains pleines avec du travail & de l'inquietude. On se trompe, c'est se chercher soy-mesme & sa paix, non pas celle de Dieu, cette paix si ennemie de l'oisiveté, toûjours accompagnée de la grace & de la justice dont parle Saint Paul, cette paix qui porte l'homme à une vigilance infatigable pour l'affaire du salut, afin de mériter cette couronne qu'on ne peut remporter qu'aprés le combat. Et il n'y a rien à dire à ces gens possedez de cét esprit de paresse & d'assoupissement pour le Royaume du Ciel, que ce que disoit autrefois l'Apostre aux Juifs d'Antioche, qui ne l'écoutoient pas sur l'affaire de leur salut : *Puis que vous ne vous jugez pas dignes vous-mesmes de cette vie éternelle que nous vous annonçons, nous allons l'annoncer aux Gentils.*

Mais aussi quand un Chrestien détrompé des grandeurs & des plaisirs de cette vie, commence à gouster les ve-

ritables douceurs de l'autre, en médi-
tant jour & nuit, comme le Prophete,
l'heureux avenir, quand il se nourrit
de ces grandes veritez que luy propose
la Foy sur l'Eternité : c'est alors qu'oubliant les disgraces de cette vie mortelle, il fait tout son tresor & le sujet
le plus ordinaire de sa consolation d'une
si sainte méditation. Les souffrances,
les peines, les afflictions ne peuvent
plus ébranler son cœur, parce que
Dieu l'occupe de la douceur de ses promesses : & possedé qu'il est de l'a-
mour & du desir du Ciel, il n'a plus
que du dégoust pour la terre. C'est
alors que la Foy, dont il est persuadé,
luy fait dire, que tout ce qu'il y a au
monde de tresors & de richesses, qui
n'est pas Dieu, n'est qu'une veritable
pauvreté, comme le disoit Saint Augustin, pénetré qu'il estoit d'un sentiment profond des veritez éternelles.
C'est alors qu'il s'écrie par des soupirs
tirez du fond de son cœur, *Ce n'est*
que vous, mon Dieu, que je desire en
partage pour jamais ! Je ne veux que

vous, le reste ne m'est rien : on ne doit s'attacher qu'à vous, car tout passe, & vous durez éternellement. C'est aussi de ces frequentes Méditations sur l'Eternité, d'où naissent les saints empressemens, que le Fidele a pour la joüissance de la gloire qui luy est promise. C'est de ces grandes images de l'avenir bienheureux, que naissent ces desirs & ces impatiences que ressentoit Saint Paul, lors qu'il disoit dans l'ardeur la plus vive & la plus tendre de son amour : *Je ne souhaite rien tant que d'estre entierement détaché de mes liens, pour estre avec Jesus-Christ.* Car le moyen de ne pas soupirer aprés ce bienheureux repos, dans l'agitation & le trouble d'une vie aussi orageuse, qu'est celle que nous menons sur la terre.

Voilà à quoy le Chrestien doit principalement s'occuper, quand ce ne seroit que pour se faire le fond de tranquillité, d'où se forme la douceur de la vie : c'est-à-dire, à méditer souvent les veritez de la vie future ; au lieu de s'amuser à des speculations vagues des

secrets

Coarctor, desiderium habens dissolvi, & esse cum Christo. Philip. cap. 1.

secrets de la nature, qui font, comme
dit le Sage, également inutiles & in-
fructueuses. C'est à goufter fans ceffe
le prix de la promeffe du Royaume
que nous deftine le Sauveur, & à ménager les précieux momens qu'il nous
accorde, pour meriter cette gloire qui
eft l'unique fageffe du Chreftien en
cette vie. Et c'est un des effets ordinaires de cette foy humble & vigilante,
qui nous rappelle fans ceffe dans l'efprit que tout paffe, comme nous paf-
fons nous-mefmes, & que nous ne devons aimer que ce qui eft éternel. Car
ce ne peut eftre que la foy attentive à
l'Eternité, qui nous fait regarder cette
vie comme un exil deftiné à fouffrir,
& qui nous éleve vers le Ciel, pour
gemir fans ceffe dans l'éloignement où
nous vivons de noftre chere patrie.

Il arrive auffi que la Foy qui nous
inftruit elle-mefme de ces faintes veritez, nous laiffe quelquefois dans une
obfcurité qui eft fujete à de grandes incertitudes, & que cette obfcurité nous
rend fouvent infenfibles à ces veûës de

D

l'autre vie. Ce n'est aprés tout que par une misericorde de Dieu toute pure que cela arrive, pour tenir l'homme dans l'humiliation, afin de l'entretenir par cette disposition dans la confiance en ses bontez, & dans la défiance de luy-mesme. Car c'est cette défiance du Chrestien qui fait sa force, & qui luy fait regarder tranquillement la certitude de la récompense parmi les doutes & les incertitudes dont elle est environnée dans les ténebres de cette vie. C'est elle qui fait envisager à Abraham, ce Pere des croyans, la gloire qui luy est promise, toute invisible qu'elle estoit, comme s'il l'eust veüë. Et c'est cette foy humble qui fait dans le Chrestien cette esperance heroïque de l'Eternité, qui luy donne tant de mépris pour tout ce qui est temporel.

Invisibilem tanquam videns sustinuit. Hebr. cap. 11.

CHAPITRE III.

Qu'il est de la perfection du Chrestien de penser souvent au Ciel, comme à une récompense promise à sa fidelité, & de travailler à son salut dans cette veüë.

LE premier mouvement du cœur du Chrestien est de penser à Dieu, pour sanctifier son nom, & procurer sa gloire : car il est juste que la premiere veüë de la créature soit l'interest du Créateur : mais il est juste aussi qu'elle pense à elle, aprés avoir pensé à celuy à qui elle doit tout. C'est l'ordre que le Fils de Dieu a établi, & la regle qu'il a marquée luy-mesme pour la conduite des Fideles, dans la premiere instruction qu'il a donnée à ses Disciples en cette admirable priere de l'Oraison Dominicale, qu'il leur apprit par ces paroles : *Vostre nom soit sanctifié, vostre Royaume nous arrive* Le soin de l'interest de son Pere doit

Sanctificetur nomen tuum : adveniat regnum tuum. Matth. cap. 6.

marcher le premier, & le foin du noftre doit fuivre : ce fecond ne pouvant
eftre tel qu'il doit, fans avoir une relation effentielle & un rapport de dépendance au premier. Voilà la premiere
leçon que le Fils de Dieu a donnée à
l'homme, & c'eft là fon efprit.

En quoy il a marqué combien eft
injufte l'idée de certains Réformateurs
du fiecle paffé, qui ont mal à propos
traité d'amour propre, & d'une dévo-
tion trop intereffée la veûë de la récompenfe, prétendant que cela n'eftoit pas
d'un affez grand dépouïllement dans le
veritable efprit de la perfection Chreftienne : ce qui obligea auffi le Concile
de Trente de traiter d'erreur un fenti-
ment fi déraifonnable. En effet, ce n'eft
prefque qu'en la veûë de cette récompenfe que les plus grands Saints de
l'ancien & du nouveau Teftament ont
marché dans les voyes de Dieu, & ont
efté fideles à fon fervice. Abraham,
que l'ancienne Loy nous propofe comme un modele de perfection, avoit
toûjours les yeux, dit Saint Paul, atta-

chez ſur cette celeſte Sion, qu'il regardoit comme ſa patrie, & cette cité permanente qu'il devoit éternellement habiter. C'eſtoit auſſi aprés cette demeure bienheureuſe que ſoupiroient les ſaints Patriarches Iſaac & Jacob, ſe regardant ſur la terre comme des étrangers : & la Terre promiſe eſtoit trop peu de choſe pour mériter d'eſtre l'objet de leurs ſoupirs, & le terme de leur attente ; ils aſpiroient plus haut.

Expectabat fundamenta habentem civitatem, cujus artifex & conditor Deus. Heb. cap. 11.

David qui avoit eſté inſtruit par l'eſprit de Dieu des ſentimens les plus purs & les plus ſaints de la veritable pieté, & de ce qu'il y a de plus parfait dans la morale chreſtienne, avoûë que c'eſtoit principalement par la veûë de la récompenſe que luy donnoit la Foy qu'il gardoit les commandemens de Dieu : & ce n'eſtoit que par cét eſprit qu'il formoit ce motif dans ſon cœur, comme un motif de perfection.

Inclinavi cor meum ad faciendas juſtificationes tuas in æternum, propter retributionem. Pſal. 118.

Saint Paul qui avoit pénetré, pour ainſi dire, juſques dans le ſein de Dieu, pour y puiſer ces divines lumieres des ſecrets les plus profonds de la Grace dont il fut l'Interprete aux premiers Chrestiens, & qui a esté l'exemple le plus accompli de la sainteté de nostre Religion parmi les Gentils, pensoit luy-mesme souvent à cette glorieuse récompense, dont il se servoit pour s'encourager au service de Dieu. *Le temps de mon départ,* disoit-il à un de ses Disciples, *s'approche; j'ay achevé ma course, j'ay gardé la Foy : il ne me reste qu'à attendre la couronne qui m'est réservée, que le Seigneur comme un juste Juge me rendra en ce grand jour.* Saint Athanase rapporte dans la vie de Saint Antoine, que les Disciples de ce bienheureux Anacorete le voyant à l'extrémité, & luy demandant un mot de consolation pour les disposer à le perdre, il leur dit : Mes chers enfans, je vas bientost, selon le langage de l'Ecriture, entrer dans la voye de nos Peres, car *le Seigneur m'appelle à luy : je brusle du desir de voir ma celeste patrie, aprés laquelle je soupire depuis tant d'années.* Saint Augustin disoit à Dieu : *j'ay fait ce que vous m'avez ordonné, faites ce que vous m'avez promis.*

Le Seraphique Saint François, en la vie duquel Dieu a voulu donner dans ces derniers temps à son Eglise un exemple d'un détachement si parfait, & d'une vertu si sublime, ne disoit-il pas en mourant, *Les justes m'attendent jusqu'à ce que vous me rendiez la récompense que vous m'avez promise?* Et nous lisons dans les Chroniques de son Ordre, que le frere Gilles estoit si transporté de joye quand il pensoit au Ciel, qu'au seul nom du Paradis, qu'il entendoit prononcer, il tomboit en extase. Dieu luy-mesme ordonne qu'on travaille par ce motif, qui est si saint. Car il disoit un jour à ses Apostres : *Ce n'est point parce que les Démons vous sont soumis, ni parce que vous faites des miracles que vous devez avoir de la joye ; c'est que vous estes des Prédestinez, que le Ciel sera vostre récompense, & que vos noms sont écrits dans le livre de vie.* Le Sauveur du monde reconnut mesme que pour préparer l'esprit de ses Disciples au scandale de la Croix, & à l'ignominie de sa Passion, il seroit

Bon. in ejus vita.

In hoc nolite gaudere, quia spiritus vobis subjiciuntur : gaudete autem quia nomina vestra scripta sunt in cœlis. Luc. cap. 10.

bon de faire briller à leurs yeux quelque rayon de la gloire qu'il leur deſtinoit, pour la récompenſe de leur fidelité, & qu'il eſtoit neceſſaire de les animer dans les ſouffrances par un de ces traits de gloire qu'il fit éclater ſur le Thabor, comme un avantgouſt de celle qu'il leur promettoit. Ce fut auſſi la conduite de Moïſe, qui pour affermir l'eſprit du peuple d'Iſraël, accablé de la dureté du travail, ſous le poids duquel il gemiſſoit en Egypte, luy fit entrevoir quelque lueur de cette récompenſe qu'il leur propoſa ſous la figure de la Terre promiſe, dont il prévint leurs eſprits, pour les encourager dans leurs peines par l'attente de ſi grandes choſes.

C'eſt ce que je ferois volontiers moy-meſme, ſi j'eſtois aſſez inſtruit de ce grand myſtere de l'avenir, pour en inſtruire les autres : car rien n'a plus d'effet ſur le cœur du Chreſtien, pour l'affermir dans l'orage où l'expoſe l'eſtat de cette malheureuſe vie, que la penſée de l'Eternité. Il ne s'éleve point de

trouble

Ducit illos in montem excelſum ſeorſum, & transfiguratus eſt ante eos. Matth. cap. 17.

Educam vos de afflictione Ægypti ad terram fluentem lac & mel. Exod. cap. 3.

trouble en son esprit, qui ne se dissipe au seul rayon de cette sainte esperance, tout devient calme dés qu'il leve les yeux vers le Ciel. Il n'y a point de plainte que cette pensée n'étouffe, point d'inquietude qu'elle ne calme, point d'impatience qu'elle ne surmonte, point de peine qu'elle n'adoucisse, point de douleur qu'elle ne soulage, point de larmes qu'elle n'essuye, point de murmure auquel elle n'impose silence. Quelque affliction qui puisse arriver à l'homme dans les tribulations de cette vie, il n'y a rien d'amer qui ne devienne doux dans l'attente des biens éternels : & cette attente est un remede à tout ; témoin la sainte mere de ce Martyr, dont nous parle l'Histoire Ecclesiastique, qui pour encourager son cher fils dans les tourmens, luy disoit sans cesse : *Mon fils, leve les yeux au Ciel, pour y voir ta récompense.*

C'est aussi ce divin rayon que Dieu nous a laissé dans cette vallée de larmes, & dans cette region de ténebres où nous vivons, pour nourrir nostre esperance de la pensée du Ciel, dont le

Nate, memento vitæ æternæ, cœlum suspice, regnantem intuere. De mart. Simphoriani.

Hæc vita quâ vivimus mors dicenda est, non vita, sed vita mortalis. Bernard. serm. in Psal.

principal effet est de nous dégouster des biens de la terre par ces grandes images, & par ces salutaires idées qu'elle nous donne de la bienheureuse Eternité. C'est cette étincelle de foy qui seule est capable d'éclairer le Chrestien dans l'obscurité de cette vie, où le peu de difference qu'il voit entre les bons & les méchans est sujet à le troubler, quand il ne consulte que sa raison, & qu'il ne regarde qu'avec des yeux purement humains les ordres souverains de la Providence de Dieu, & la conduite qu'il observe à l'égard des hommes. Car tout s'y passe en apparence dans une si étrange confusion, que Salomon aussi éclairé qu'il est, avoûë luy-mesme qu'il n'y comprend rien, en ce que l'innocence & le crime semblent avoir un mesme sort. Ce qui trouble tellement les gens de bien, qu'il n'y a que l'Eternité bien comprise, qui puisse les appaiser sur un desordre si apparent, & qui leur fasse raison sur une conduite si capable de les impatienter.

Puis donc que l'éternité est si utile à tant de choses, taschons à la bien

Hoc est pessimum inter omnia quæ sub sole fiunt, quia eadem cunctis eveniunt. Ecclef. cap. 9.

connoiſtre, pour en tirer tout le fruit, & pour en faire l'uſage qu'il faut. Examinons ſoigneuſement le prix de cette divine récompenſe que nous eſperons; découvrons le fond de ce treſor, que l'Evangile nous conſeille d'acheter de tout ce que nous poſſedons, pour l'aquerir : levons le voile ſous lequel eſt cachée cette manne qui fait les forts & les victorieux, & qui doit eſtre la nourriture des Chreſtiens. Ouvrons enfin ce livre de vie qui eſt fermé, pour en apprendre le myſtere : car quel effet ne feroit point ſur nos cœurs un ſi grand objet, ſi nous pouvions en comprendre la moindre partie? Elevons-nous au deſſus de la terre & de tout ce qui eſt terreſtre, pour ne concevoir rien qui ne réponde à la grandeur de cette eſperance. Jugeons du prix de la couronne qui nous eſt promiſe, par le prix du Sang qui nous l'a meritée. Voyons en quoy conſiſte cette gloire pour en connoiſtre toute la valeur : car c'eſt ce qu'on ne peut aſſez faire dans un ſi grand ſujet, où toute l'éloquence hu-

Vincenti dabo manna abſconditum.
Apoc. cap. 2.

Vide quantò emit, & videbis quid emit.
Aug. de Chriſto lib. 22. de Civit. Dei.

maine devient muette, quand il s'agit d'exprimer ce que c'est : & il me semble déja que les paroles me manquent, & que les expressions tarissent sur ma langue, dés que je veux ouvrir la bouche pour en parler. Le moyen aussi de raisonner en homme des choses divines ? Ne faut-il pas avoir au moins quelque étincelle de l'esprit de Dieu, pour entrer dans les secrets de Dieu ? Et n'ay-je pas sujet de craindre, en parlant du Ciel, ce que le Fils de Dieu craignoit luy-mesme, quand il parloit à ce Disciple caché, qui cherchoit à s'instruire, lors qu'il luy disoit : *Si vous ne me croyez pas, quand je vous parle des choses de la terre, comment me croirez-vous, quand je vous parleray des choses du Ciel?*

CHAPITRE IV.

En quoy consiste cette beatitude qui est promise au Chrestien dans le Ciel.

JAMAIS les sages du monde n'ont fait paroistre tant de foiblesse que dans les differens raisonnemens qu'ils ont fait pour établir le souverain bien de l'homme en cette vie, par les fausses regles dont ils se sont servis pour raisonner sur ce sujet : la diversité de leurs sentimens sur cette matiere, qui a si long-temps occupé la Philosophie ancienne, n'a servi qu'à faire mieux voir l'égarement de leur esprit : on a toûjours disputé du souverain bien, & on n'en a jamais rien décidé. Car aprés tout, il ne peut pas y avoir de vraye beatitude pour cette vie, où ce fond d'orgueïl qui nous possede, en nous faisant préferer le mensonge à la verité, nous fait courir aprés de faux biens, comme aprés de veritables. Outre que la prétenduë felicité dont on peut joüir en cette vie, quelque établie qu'elle soit, est toûjours troublée par l'incertitude de l'avenir.

C'est aussi ce qui fait regarder au Chrestien la terre comme un lieu de bannissement qui l'éloigne de sa chere patrie : & c'est dans cette veüe que semblable à un voyageur, il n'a nulle attention ni nul attachement aux lieux par où il paſſe. Tout luy eſt indifferent, parce qu'il ne regarde que le terme du voyage, qui eſt le Ciel, aprés lequel il ſoupire comme un eſclave aprés ſa liberté : mais il n'y a que la Foy dont les lumieres ſoient aſſez vives & aſſez pures, pour nous faire entrer dans les ſentimens de ces veritez. Ce n'eſt qu'elle qui ſoit capable de nous faire ouvrir les yeux ſur la fauſſeté des choſes humaines, pour en détromper nos eſprits ; ce n'eſt qu'elle qui nous faſſe ſentir comme il faut cette rapidité inconcevable, avec laquelle la figure exterieure de ce monde paſſe, ſans laiſſer aucune trace de ces biens frivoles, que les hommes recherchent avec tant d'ardeur. Et comme nous n'avons ni aſſez de lumiere pour pénetrer ces veritez, ni aſſez d'humilité pour les obtenir de Dieu, au moins demandons luy ſouvent, comme le Prophete : *Seigneur, oſteʒ de deſſus mes yeux le voile, afin que je voye, & que je gouſte les merveilles de voſtre Loy.*

Præterit figura hujus mundi.
1. Cor. cap. 7.

Revela oculos meos, & conſiderabo mirabilia de lege tua.
Pſal. 118.

Ne cherchons donc point de beatitude en cette vie, comme ont fait les
Payens. Ce n'est qu'un lieu de penitence, & ce n'est pas icy que l'homme
doit esperer d'estre heureux. La paix
qu'il se promet dans la joüissance des
grandeurs ou des plaisirs de la terre,
n'est qu'une fausse paix: c'est en vain
qu'on y cherche du repos, on n'en trouvera point, sa demeure est dans le Ciel,
dit Saint Augustin. *La vie que nous
menons icy - bas, n'est qu'une grande
fable*, dit ce Pere, *& un mensonge qui
ne finit qu'avec nous*. C'est au Ciel où il
faut chercher cette beatitude : voyons
en quoy elle consiste. A la verité nous
sommes trop charnels pour comprendre
une felicité incomprehensible à la chair :
car quand l'Evangile nous dit, que *la vie
éternelle est de connoistre Dieu*, la raison,
toute raison qu'elle est, n'y conçoit rien,
& la connoissance imparfaite & super-
ficielle que l'homme a de Dieu en
cette vie, contribuë peu à luy donner
l'idée qu'il faut du bonheur qu'il y a
à le connoistre dans l'autre. Saint Au-

Non est pax in hac vita, in cœlo promissum est, quod in terra quærimus. Aug. in Psal. 48.

Homo quærit requiem, sed non in regione sua. Ibid.

Ingens fabula, longumque mendacium vita nostra. Idem ibid.

Hæc est vita æterna, ut cognoscant te. Joan. cap. 17.

guſtin en convient. *C'eſt quelque cho-*
ſé, dit-il, *de ſi ſublime de voir Dieu*
face à face, qu'il n'y a point d'homme,
quelque éclairé qu'il ſoit, qui puiſſe le
concevoir.

Pour le comprendre, il faudroit bien
ſçavoir ce que c'eſt que Dieu, que nous
ne connoiſſons point par ce qu'il eſt,
mais par ce qu'il n'eſt pas, comme l'explique Saint Thomas. Ce n'eſt point
par luy-meſme que nous le connoiſſons,
c'eſt par les créatures, dit Saint Paul,
leſquelles ne ſont que des écoulemens
tres-imparfaits de ſa puiſſance. Ce qui
a fait dire à cét Apoſtre, que ce n'eſt
qu'en figure, qu'en repreſentation, &
qu'en énigme que nous le connoiſſons.
Il eſt ſi parfait du propre fonds de ſon
eſſence, que les beautez des creatures
les plus parfaites réünies enſemble dans
le dernier degré de leur perfection, ne
pourroient eſtre que des images tres-
défectueuſes des ſouveraines perfections
de Dieu. Ces créatures meſmes ſi char-
mantes & ſi accomplies, dont les hommes ſont quelquefois ſi éperdûment
touchez,

Nemo in hac
vita dignè
penſare poteſt
quanta ſit illa
felicitas Deum
facie ad faciem
videre.
Aug. lib. de ſpir.
& anim.

Inviſibilia ip-
ſius à creatura
mundi, per ea
quæ facta ſunt
intellecta conſ-
piciuntur.
Rom. cap. 1.

Videmus nunc
per ſpeculum
in ænigmate.
1. Cor. cap. 13.

touchez, ne seroient tout au plus que des crayons fort grossiers, & de foibles traits de cette suprême beauté, échapez, pour ainsi dire, par hazard à sa toute-puissante main. Et s'il se trouve dans les moindres ouvrages de Dieu, & dans les créatures les plus imparfaites, tant d'excellence & tant de perfection, combien en a-t-il luy-mesme, luy qui en est l'auteur, & le principe, dit Saint Augustin?

Mais pour tascher d'approcher encore davantage à la connoissance de la perfection de ce souverain estre, par l'idée que nous nous en formons; & pour atteindre autant qu'il est possible en cette vie, selon le peu de lumiere que nous y avons, à l'élevation incomprehensible de ce qu'il y a de plus parfait dans la Divinité : imaginons-nous une beauté composée de tout ce qu'il y a de plus accompli dans la nature, & souverainement parfaite. Ostons - luy tous les defauts, & donnons-luy toutes les perfections des autres beautez : rassemblons en elle tous les agrémens, qui

Si pulchra sunt hæc, quid ipse? Si hæc magna sunt, quantus est ipse? Aug. in Psal. 84.

F

ont jamais le plus éclaté dans les créatures les plus achevées : réünissons toutes les lumieres des Intelligences celestes, tout le feu & toute l'ardeur des Cherubins, toute la vivacité & toute la pénetration des Seraphins, la raison la plus pure & la plus consommée des hommes les plus sages, ce qu'il y a de plus brillant dans les Astres, de plus vif dans les couleurs, de plus éclatant dans les pierreries, de plus beau & de plus admirable dans les tresors de la nature : tout cela réüni dans le degré de perfection le plus accompli, ne pourra estre qu'une ombre tres-grossiere de la Divinité infiniment au dessous de l'original, & un écoulement tres-impur & tres-imparfait de l'Essence divine.

Que s'il s'est veû tant de fois des hommes passionnez de la beauté de quelques créatures, avec une infinité de defauts dont elles estoient remplies, & avec toutes les imperfections ausquelles elles sont sujetes par la qualité de leur estat : que sera-ce quand on possedera toutes les beautez divines réü-

nies dans leur source, sans y trouver
rien de défectueux ? Que sera-ce quand
on verra la Majesté de Dieu dans toutes les circonstances de sa grandeur entierement dévoilée, & qu'on se trouvera aux pieds du trône du Créateur,
où les Cherubins les plus sublimes n'o-
sent approcher qu'avec des frayeurs
respectueuses, pour soustenir cét éclat
qui cause les transports ordinaires de
leurs admirations & de leurs ravissemens ?

Mais quel comble de beatitude pour
le Prédestiné, quand Dieu se décou-
vrira à luy dans toute la splendeur de
sa Divinité, & qu'il luy fera voir les
profondeurs incomprehensibles de cét
abisme impénetrable de l'Estre divin,
cette ineffable grandeur de l'unité de
son essence jointe aux richesses infinies
des émanations éternelles, & ce tresor
immense de la fecondité de sa nature,
plus active infiniment encore au de-
dans qu'au dehors ! Quand il luy dé-
voilera luy-mesme tous les ressorts les
plus cachez de cette souveraine Sagesse

dans la conduite admirable du monde,
qu'il luy manifeſtera les merveilles inconcevables de ſa toute-puiſſance, qui
luy fait produire en un moment une
infinité d'eſprits celeſtes, tous plus parfaits les uns que les autres ; & qu'il luy
révelera la force & la vertu de ſa divine parole, par le pouvoir de laquelle il
a tiré du néant ce nombre prodigieux
de créatures ſi accomplies, toutes preſ-
tes à obéïr à la ſeule impreſſion de ſa
voix, pour entrer dans l'ordre de ſes
volontez éternelles, & pour ſe ſoumet-
tre aux loix ſuprêmes de ſa Providence !

C'eſt ainſi qu'on apprendra dans cette
veûë ſi parfaite de Dieu les ſecrets les
plus profonds de ſa Miſericorde & de
ſa Juſtice, qui auront eſté cachez pendant les ténebres de cette vie ſous le
voile du cours naturel des choſes humaines : pourquoy il a eſté ſi favorable
& ſi indulgent aux uns, ſi ſévere & ſi
rigoureux aux autres : pourquoy il a
quelquefois abandonné ceux qui le cher-
choient, pour chercher luy-meſme ceux
qui l'abandonnoient : & c'eſt ainſi qu'on

verra à fonds le détail de ce mystere redoutable de la Prédestination , que Saint Paul regardoit comme un secret incomprehensible, où se perd l'esprit humain. Enfin, par cette veûë intuitive de Dieu, comme la Theologie l'appelle, on pénetrera entierement cette source inépuisable des perfections divines, & ce fonds impénetrable de grandeur & de majesté , dont la seule veûë occupe Dieu, & toute son attention depuis l'Eternité : & plus le Prédestiné aura-t-il découvert de merveilles en cette connoissance des richesses immenses de la Divinité , plus il trouvera qu'il y en a encore à découvrir, parce que c'est un abisme sans fonds & sans bornes.

Cùm consummaverit, tunc incipiet. Eccl. cap. 11.

Mais le moyen d'entrer dans un détail si vaste où l'on ne peut garder de mesures, & quelle apparence de prétendre tout dire dans un sujet où l'on ne peut presque rien dire , tant il est ineffable ? Quoy qu'il en soit, nous verrons Dieu si intimement, qu'il n'échapera rien à nostre veûë de tout ce qui eſt Dieu, c'eſt-à-dire, de ſon eſſence, de ſes perfections, de ſes attributs, & de ſes operations. Nous le connoiſtrons enfin comme il nous connoiſt, dit l'Apoſtre : & Saint Jean aſſeûre que cette veûë ſe fera dans un degré de connoiſſance ſi parfait, qu'elle nous rendra ſemblables à Dieu. Ce ſont ſes paroles : *Lors que Dieu ſe montrera dans ſa gloire, nous ſerons ſemblables à luy, parce que nous le verrons tel qu'il eſt.* Voilà la plus grande parole, & la plus ſublime expreſſion qui ſoit dans l'Ecriture, pour relever la gloire du Bienheureux, & pour donner la plus haute idée qu'on puiſſe ſe former de la viſion beatifique. Car enfin dés que je verray Dieu, dés que la majeſté de ſon eſſence & toute la grandeur de ſa divinité ſe montrera à moy à découvert, je ſeray ſemblable à luy, ce qui ſe fera d'une maniere inexplicable. Saint Auguſtin prétend que par une eſpece de deſtruction tout ce qui eſt mortel dans l'homme ſe conſumera à la veûë de Dieu, & que ce vuide ſe remplira de Dieu-meſme.

Saint Denis, au chapitre septiéme de sa Hierarchie, dit que par un écoulement de la divinité dans l'ame du Bienheureux il se fera un changement, par lequel l'homme deviendra semblable à Dieu : parce qu'il sera transformé en luy. Ainsi l'ame pénetrée qu'elle sera de Dieu, s'imprimera de son image, & recevra sa ressemblance, conformément à ce que dit Saint Pierre, que *nous deviendrons participans*, en quelque façon, *de la nature divine.* Saint Bonaventure dit à peu prés la mesme chose, mais en d'autres termes, quand il s'écrie dans un transport d'admiration sur l'effet merveilleux de cette veûë de Dieu. *O amour*, dit-il, *quelle est vostre puißance, de transformer l'homme, qui n'est que boûë, en Dieu ?* Il y a des Theologiens qui expliquent cette ressemblance qui se fera du Bienheureux avec Dieu, par les operations de l'entendement & de la volonté : parce que Dieu estant intimement uni avec l'homme, ce ne sera que par son Verbe que l'homme entendra, & ce ne sera

Sic amor habet vim transformandi amantem in amatum, quod fit per illapsum Dei in animam beati : itaut Deus sit unitus animæ, sic videndo & fruendo erit beatus. Cap. 7. Hier.

Divinæ consortes naturæ. 2. Pet. cap. 1.

O amor, qui lutum in Deum transfiguras ! Bon.

que par son Saint Esprit qu'il aimera : ainsi l'operation de l'homme sera la mesme que l'operation de Dieu. Quelles expressions ! quelle union ! quelle beatitude ! quel comble de gloire & de perfection ! Rien n'est plus grand, je l'avoûë : mais je ne comprens rien dans l'excellence d'un estat, qui me paroist au dessus de toute comprehension, & je sens bien que ce que je veux dire, pour tascher à m'expliquer , vaut encore mieux que ce que je dis.

Il me suffit de sçavoir par le témoignage de l'Ecriture mesme, que cette veûë de Dieu perfectionnera tellement le Bienheureux, en le rendant semblable à luy, qu'il n'y aura plus rien à ajouster pour l'accomplissement de sa gloire. Ce m'est assez d'apprendre cela sans le comprendre : ce seul avantage comble l'homme d'un si grand bonheur, que tous les biens du Ciel & de la terre réünis ensemble n'ont rien de comparable à celuy d'estre semblable à Dieu. Ne cherchons donc point d'autre beatitude que celle-là : mais taschons à la bien expliquer, & à la bien entendre : puis que c'eſt, dit Saint Jean, dans cette veûë de Dieu que conſiſte toute l'eſſence de la Beatitude. C'eſt cette connoiſſance, qui ſera pendant l'Eternité la divine nourriture de nos ames, & qui leur donnera cette vie éternelle qui fera tout leur bonheur. C'eſt par elle que l'eſprit du Prédeſtiné rempli de Dieu trouvera en le poſſedant l'accompliſſement de tous ſes deſirs, & la joûiſſance parfaite de tout ce qu'il y a de deſirable dans les treſors de l'autre vie, parce qu'il poſſedera tout, en poſſedant Dieu, en quoy il ſera pleinement ſatisfait : car il n'y a que l'immenſité de Dieu qui puiſſe remplir la vaſte capacité du cœur de l'homme.

Enfin cette connoiſſance ſera tellement la beatitude du Prédeſtiné, qu'en éclairant ſon eſprit, elle ouvrira ſon cœur, & le touchera d'une ſi vive & ſi ſainte impreſſion, qu'il n'aura plus de pente que vers Dieu, ſon ſouverain bien, dans lequel il s'abiſmera, pour ainſi dire, par la réünion de toutes ſes affections, qui eſtoient diſſipées, com-

G

Confeff. lib. 2.
cap. 1.

me dit Saint Auguftin, par la multiplicité de fes defirs & de fes paffions. Cette veûë ne fera pas de ces lumieres fteriles que nous reffentons fouvent en cette vie, où nous connoiffons Dieu fans l'aimer. Ce fera une connoiffance feconde, qui nous fera goufter ce que nous fentirons : & qui aprés s'eftre répanduë dans noftre efprit par l'effufion de fes lumieres, remplira nos cœurs, par l'épanchement de fon amour, de toutes les douceurs de fon onction. De forte que non-feulement nous connoiftrons Dieu, en voyant cette beauté qui eft la fource de toutes les beautez : mais nous l'aimerons fouverainement. Et cét amour, tout parfait qu'il fera, fe perfectionnera encore de plus en plus, à mefure que nous entrerons dans la joüiffance de Dieu, pour pénetrer la verité de fes myfteres. L'ardeur de nos cœurs croiftra à proportion des lumieres dont nos efprits feront éclairez, & nous entrerons dans toutes les douceurs de fon amour, en entrant dans tous les fecrets de fa fageffe.

Ainsi nous aimerons, & nous serons aimez, qui est le souverain plaisir & la souveraine satisfaction d'un esprit raisonnable. Que s'il y a tant d'avantage d'estre aimé d'un objet infiniment aimable, d'un Grand, d'un Prince, d'un Roy tres-puissant : que sera-ce d'estre aimé de Dieu? Voilà en quoy consiste cette veûë de Dieu, qui fera la bienheureuse éternité, dit Saint Jean : *La vie éternelle consiste à vous connoistre, vous qui estes le seul Dieu veritable.* C'est le premier fonds de la beatitude éternelle : en voicy les suites, les accompagnemens, & toutes les circonstances.

Hæc est vita æterna, ut cognoscant te solum Deum verum. Joan. cap. 17.

CHAPITRE V.

Les operations des trois Personnes de la Trinité dans l'esprit des Bienheureux, pour l'accomplissement de leur Beatitude.

COMME ce n'est qu'au nom de la Trinité que l'homme devient Chrestien, ce n'est que par la vertu de la mesme Trinité que de Chrestien il

G ij

devient un Prédestiné : & que par l'o-
peration du Pere, du Fils, & du Saint
Esprit il entre dans la joûïssance parfaite de la souveraine beatitude. C'est le
sentiment de Saint Gregoire de Nazian-
ze, quand il dit, en expliquant la Beatitude, *que la vertu de toute la Trinité
sainte se répandra dans l'ame du Prédestiné, pour y produire les operations divines,* en quoy il fait consister ce qu'il y
a de plus essentiel dans la Gloire. Le
Pere, comme le principe éternel de tous
les estres, commencera à perfectionner
du fonds immuable & incorruptible
de sa substance l'estre corruptible &
materiel du Bienheureux. Il imprimera en son ame un germe d'immortalité plus vif incomparablement que
celuy, que devoit imprimer le fruit de
l'arbre de vie planté au Paradis terrestre, pour empescher l'homme de
mourir. Il revestira de son incorruptibilité ce corps fragile destiné à la corruption. Il luy fera part en quelque façon de son Eternité, en produisant en
luy un estre immortel. Il effacera par

Θεωρία τριάδος
ὅλης και μεγαλοψυχίης:
ἣν δὲ ἡ μόνην μά-
λιστα βασιλείαν οὐ-
ρανῶν ἐγὼ τίθεμαι.
*Tom. 1. orat. 15.
de grandine.*

l'impreſſion de ſa divinité dans l'homme pecheur ce caractere d'orgueil, que
l'Ange ſuperbe y avoit gravé, pour y
réformer l'image du vieil homme, &
en faire un homme nouveau. Ce ſera
là l'ouvrage du Createur, qui ſe ſervira
alors des traits de ſa toute-puiſſance
pour faire éclater ſur le front du Prédeſtiné cette nouveauté d'eſprit qui
n'aura pour fondement que l'immortalité. Car ſi en créant l'homme il luy
inſpira cét eſprit de vie, qui le fit maiſtre des autres creatures par le don de
la raiſon, que ne fera-t-il point quand
il gravera ſur le viſage du Bienheureux
ce caractere d'immortalité, par l'effuſion d'une grace, qui eſt une eſpece de
communication de ſa divine Eſſence?

Mais quelles merveilles le Verbe n'o-
perera-t-il point dans l'eſprit du Bienheureux, luy qui eſt cette ſageſſe qui
a paru comme le premier éclat de la
Verité Eternelle? Car ce ſera proprement ce Verbe adorable, cette ſource
de toutes les lumieres, dans lequel il n'y
a point d'ombre ni d'obſcurité, comme

In quo funt omnes thefauri fapientiæ & fcientiæ Dei abfcondiri. *Ad Coloff. c. 2.*

Deum nemo vidit unquam: unigenitus, qui eft in finu Patris ipfe enarrabit. *Joan. cap. 1.*

In ftatu beatitudinis omnia erunt evidentia fine ulla falfitate, fine ulla ignorantia. *Aug. lib. de Gen. cap. 26.*

Rerum omnium fcientia fine errore, vel labore, ubi Dei fapientia de ipfo fuo Fonte potabitur. *Aug. lib. 21. de Civit. Dei c. 24.*

In lumine tuo videbimus lumen. *Pfal. 35.*

parle l'Apoftre, ce Fils en qui font renfermez tous les trefors de la fcience & de la fageffe divine, la premiere expreffion du caractere de la fubftance du Pere, cette celefte lueur conceûë devant les aftres & les étoilles dans le fein de Dieu, qui nous le fera connoiftre : parce que *perfonne ne connoift le Pere que le Fils, & celuy auquel il voudra le réveler.* C'eft la premiere & la plus effentielle de fes inftructions : & ce n'eft que par l'éclat de fes lumieres que tous les nuages de l'erreur & de l'ignorance humaine feront diffipez au grand jour de l'Eternité. C'eft dans ce Verbe qu'on verra la verité toute nuë, & fans ces voiles, qui ne nous la laiffent jamais voir icy toute pure, & à découvert. Il ne reftera alors dans le Ciel plus de doute, plus d'incertitude, plus d'ombres, plus de ténebres, ni plus d'obfcurité. Tout fe manifeftera à la lueur de cette divine lumiere, tout fera dévoilé : & ce qui eft aujourd'huy impénetrable aux efprits les plus fublimes dans le Ciel, fera découvert par la manifestation du Verbe aux ames les plus simples des Bienheureux, tout ignorantes qu'elles estoient sur la terre. Ce sera par la lumiere de ce Verbe que l'homme, qui ne se connoist pas luy-mesme, & qui se perd dans la consideration des moindres ouvrages de la nature, aura la force qu'il faut pour voir sans se troubler toute la grandeur & toute la majesté de Dieu, devant laquelle les Puissances du Ciel s'humilient de frayeur jusqu'aux abismes, en couvrant leur face, par la profondeur de leur respect.

Ce sera dans ce Verbe que le Prédestiné verra, comme dans un admirable miroir, ce grand spectacle du monde se déveloper dans le détail de chaque affaire. Ce sera là qu'il apprendra la suite des conseils éternels de Dieu dans les interests de sa gloire : car le Verbe est ce livre qui a esté autrefois fermé par le Prophete Daniel, & qui sera alors ouvert à tous les Eleûs, pour leur découvrir le mystere & la Foy de la vie future, dont la connoissance est un des fruits

Tu Daniel signa librum usque ad tempus. Dan. cap. 12.

de la venuë de Jesus-Christ, qui n'a
paru au monde, comme il dit luy-mefme, que pour enfeigner la verité, & pour
en rendre témoignage à toute la terre.
Quels fecrets, quels myfteres ne fçau-
rons-nous point alors : puis que nous
verrons dans le Fils tout ce que le Pere
y voit luy-mefme, ce Fils eftant effen-
tiellement deftiné à reprefenter toutes
chofes ? Nous y découvrirons d'un mefme regard le prefent, le paffé, & l'avenir : & nous marcherons, à la faveur
de cette lumiere, dans les voyes im-
menfes de l'Eternité, fans nous y égarer,
& fans nous y perdre.

Nous y lirons le détail univerfel de
tous les temps, & ce qui s'eft paffé de
curieux dans la fuite de chaque fiecle,
non-feulement en ce monde exterieur,
mais encore en ce monde interieur renfermé dans les replis les plus cachez du
cœur humain. C'eft dans ce livre, qui
fera alors ouvert aux Eleûs, qu'on aura
le plaifir d'étudier l'hiftoire fecrete de la
Jerufalem celefte, qui contient le myf-
tere du falut de chaque Prédeftiné, qui

renferme

renferme le détail de la conduite de
Dieu sur les hommes dans le dessein
admirable de leur prédestination; qu'on
apprendra à compter ses disgraces &
ses peines parmi les bontez & les misericordes de Dieu : & non - seulement cette souveraine sagesse du Pere
nous instruira de tous ces secrets, qui
feront une partie de nostre beatitude,
mais elle deviendra elle - mesme toute
nostre lumiere, tout nostre esprit, &
toute nostre raison dans l'Eternité.

Que si la seule recherche de la verité
en cette vie est la sagesse la plus consommée de l'homme, comme l'ensei- *Aug. contra A-*
gne Saint Augustin : que sera-ce quand *cad.*
ce Verbe, qui est la verité mesme, nous Plenus gratiæ
en instruira dans le Ciel, luy qui est le *Joan. cap. 1.*
principe de toutes choses ? La beatitude Christus est ve-
de l'entendement humain, qui ne se ritas, veniamus
plaist qu'à la verité, ne sera-t-elle pas boremus.
complete ? C'est aussi ce que dit le mes- *Aug. epist. 36.*
me Saint Augustin, que la vie des Bien- Quæcumque
heureux ne sera autre chose que le plai- inhæret, eam
sir qu'ils auront à connoistre la verité. beatam fieri.
Mais ce Verbe adorable, qui enseignera *Relig. cap. 2.*

H

toutes choses, le fera d'une maniere plus propre à guerir la curiosité naturelle de l'esprit humain, qu'à la satisfaire. Il rassasiera ce desir inquiet que l'homme a de tout sçavoir, en l'instruisant de tout ce qu'il ne peut plus ignorer : & ce sera plûtost pour échauffer encore plus son cœur à l'égard de Dieu, que pour éclairer son esprit, en luy faisant sentir ces veritez toutes saintes, qui ne vont qu'à perfectionner la volonté, en détruisant cette science qui ne sert qu'au faste & à la vanité. Ce sera pour luy donner de nouveaux sujets de loüer Dieu, & non pas pour contenter l'avidité qu'il a de sçavoir : comme ce n'a pas esté pour estre l'objet de la curiosité de l'homme que Dieu a fait le monde, mais pour se faire connoistre à luy par ses ouvrages.

Il resteroit à parler des operations du Saint Esprit dans l'ame du Bienheureux, pour perfectionner sa volonté par l'onction toute divine de sa grace. Mais pour le comprendre il faudroit bien connoistre ce qui se passe dans ces ames élevées à la perfection, & appellées de Dieu aux délices de la vie interieure. Car on pourroit alors entrevoir quelque chose de ces douceurs inconcevables dont le Saint Esprit comblera les cœurs des Bienheureux, lesquelles sont si grandes, que les moindres gouttes ne peuvent se faire ressentir en cette vie sans causer de fortes impressions sur les corps par des langueurs & par des defaillances, tant elles sont disproportionnées aux forces humaines. Ainsi il ne se passera rien que de celeste & de divin dans la vie des Prédestinez, dont le Saint Esprit sera le seul principe : ils ne suivront que ses mouvemens dans le détail universel de leurs actions, mesme les plus humaines. Tous ces interests charnels, qui ne servent en cette vie qu'à fomenter la desu- nion dans la societé, en seront bannis. Tout y sera pur, parce que l'esprit de Dieu en sera l'ame, pour ainsi dire, estant la source de toute la perfection de la vie interieure.

Ce fut cét Esprit Saint, qui gravant autrefois par l'effusion de son amour les premiers traits de la Loy de Grace dans le cœur des Fideles, affermit la foiblesse des Apostres par cette vertu d'enhaut dont il les remplit, pour les rendre intrepides à la veûë des tyrans & des bourreaux. Ce fut luy qui combla ces bienheureux ignorans d'une prudence laquelle triompha de toute la sagesse humaine, & fit changer de face à toute la terre, remplissant le monde de la lumiere de la verité & du feu de son amour. Que si un rayon de sa vertu fit alors de si admirables effets, en changeant des hommes foibles & timides en autant de colonnes solides pour soustenir l'Eglise : que sera-ce quand il versera des torrens entiers des douceurs de de sa Grace dans le cœur des Bienheureux ? S'il y a des momens où il répand tant 'de consolations en cette vie de douleurs & de larmes : que ne doit-il point faire dans le repos & dans le calme de l'autre vie ? Et si ce mesme Esprit a pû donner de la parole à ce qu'il y a de plus stupide dans la nature, si par sa descente sur les Apos-

Spiritus Domini replevit orbem terrarum, & hoc, quod continet omnia, scientiam habet vocis. Sap. cap. 1.

tres il a fait parler les creatures les plus
muettes, en les animant de sa vertu à
chanter les loûanges de Dieu, car depuis ce jour heureux toutes les parties
qui composent le monde ont eû le don
de la voix, pour annoncer un Dieu:
quelles impressions ne produira-t-il
point dans l'esprit des Bienheureux, disposez qu'ils sont déja par le don de la
gloire, & par les instructions du Verbe,
à loûër le Createur, en rendant les
creatures les plus grossieres plus diser-
tes dans l'explication des grandeurs de
Dieu, que les personnes les plus élo-
quentes? Enfin le corps & l'ame du
Prédestiné recevront la vertu toute entiere de la presence de la majesté divine, dont les moindres rayons ont fait
autrefois de si merveilleux effets sur des
hommes, comme sur Moyse, sur Eze-
chiel, sur Saint Jean, & sur quelques
autres.

Quelle impression ne ferois-je point
moy-mesme sur les esprits, si j'avois la
force d'exprimer les délices de cette
vertu celeste qu'il produit quelque-

fois dans les cœurs dont il se rend le maistre ? Car si on a veû tant de fois ces Saints, que ce souverain Esprit favorisoit de ses graces, ressentir de si grandes douceurs dans l'amertume des tourmens ; si la joye accabloit Saint Paul dans l'accablement de la tribulation, comme il avoûë luy-mesme, & s'il trouvoit tant de satisfaction au milieu des afflictions ; si l'Histoire Ecclesiastique nous propose l'exemple admirable d'une Vierge tellement transportée du plaisir des souffrances, qu'elle se jetta elle-mesme dans un brasier ardent, pour ne les pas differer ; si Saint Ignace Martyr fut saisi d'une si grande joye, dés qu'il apprit qu'il estoit condamné aux bestes, qu'il demandoit pardon à ses disciples de l'excés de cette joye, qu'il sembloit n'avoir pas prise avec assez de moderation ; si Saint Marc & Saint Marcellian protestent à leur tyran, qu'ils n'ont jamais ressenti plus de plaisir ni plus de délices qu'au milieu de leurs tourmens ; si Saint François Xavier, charmé qu'il estoit des douceurs de ses peines, au plus fort des orages & des tempestes, parmi les écueils & dans des isles desertes, où rien ne se presentoit à luy que la faim, la soif, la nudité, environné de tout ce qu'il y a de perilleux dans les voyages, se récrioit en soupirant, ne pouvant souffrir l'abondance des consolations, *C'est assez, mon Dieu, c'est assez,* ne m'accablez pas de vos douceurs ; &, s'il s'est trouvé une infinité d'ames choisies, que l'onction des graces de cét Esprit Saint combloit de délices parmi ce qu'il y avoit de plus triste & de plus affreux dans les souffrances de cette vie mortelle : que ne doit-on pas attendre dans le repos éternel de l'autre vie, de l'operation du mesme esprit ? Enfin, si le chastiment consoloit le Prophete par l'onction de cét Esprit, comme il l'asseûre, *La verge dont vous m'avez puni, m'a consolé :* que ne fera point la récompense ? Et qu'est-ce que le Prédestiné ne doit pas esperer du torrent des douceurs de l'autre vie, si les moindres graces qu'on en ressent en celle-cy sont si délicieu-

Satis est, Domine, satis est. *Rib. in ejus vita.*

Virga tua & baculus tuus ipsa me consolata sunt. *Psal. 22.* Inebriabuntur ab ubertate domus tuæ, & torrente voluptatis potabis eos. *Psal. 35.*

Misericordiæ
initium stillans
in eos.
Mach. lib. 2.
cap. 8.

ſes Car enfin ce ne ſont que des gouttes de cét ocean de plaiſirs où les Bienheureux ſont plongez, & de petites
étincelles de cette ardente fournaiſe
d'amour qui les embraſera. Quelle douceur ne cauſera point cét Eſprit divin
dans les eſprits des Elûs au Ciel, lors
qu'il agira dans toute la plenitude de
ſa vertu, & dans toute l'étenduë de ſa
grace : s'il a fait de ſi grandes choſes,
lors qu'il ſe proportionnoit à la foibleſſe des ames qu'il prévenoit de ſes
faveurs, pour ne pas les accabler de tout
le poids de ſa vertu ? Quelles délices enfin pour le Prédeſtiné, quand il reſſentira toute l'impreſſion de cette puiſſance, dont les moindres traits faiſoient
autrefois tant d'heureux !

Mais de quelle maniere cét Eſprit
Saint, qui eſt l'ordre eſſentiel de toutes
choſes, ne reglera-t-il point tous les
mouvemens de l'ame du Prédeſtiné én
toutes ſes actions, afin que tout ſe faſſe
par ſon impreſſion & par ſes principes ?
Et c'eſt juſtement ce que veut dire Moy-
ſe, en décrivant la creation du monde,
quand

quand il dit, que dés que cét Esprit se
mesla au cahos, il commença à y mettre l'ordre & l'arrangement : ainsi comme tout ce qu'il y a de graces & de
beautez sur la terre vient de luy, tout
ce qu'il y aura de beau & d'agreable
dans le Ciel sera son ouvrage. Que si le
souverain plaisir de l'homme est d'aimer
un objet souverainement aimable, &
d'en estre aimé, comme j'ay dit ; si ceux
qui ont ressenti ce plaisir avoûënt qu'il
est au dessus de tous les plaisirs ; si rien
n'est plus doux en cette vie, où tout se
fait par le ministere des sens, toûjours
foible, grossier & imparfait : que sera-ce
d'aimer dans le Ciel par le ministere du
Saint Esprit, & par l'effusion de son
amour, qui sera l'amour mesme dont on
aimera Dieu ? Et comme le Pere dans la
Trinité n'aime le Fils, & n'en est aimé
que par le Saint Esprit, il se fera par
l'operation du mesme Esprit un commerce entre luy & nous, qui sera ce
qu'il y aura de plus doux & de plus délicieux dans la Beatitude : laquelle, ainsi
que l'expliquoit Saint Paul, consiste

Regnum Dei gaudium in Spiritu Sancto. *Rom. cap. 14.*

dans la joye que produit la vertu de l'Esprit Saint.

Ainsi chaque Prédestiné rempli de ce don dira sans cesse ce que disoit autrefois Saint Bernard : *Que vostre Esprit, mon Dieu, vienne dans moy, qu'il remplisse mon cœur, & qu'il l'enyvre tellement de vostre amour, qu'il ne puisse en respirer d'autre, qu'il ne soupire qu'aprés vous, & qu'il ne soit capable de gouster d'autre douceur, que celle qu'il y a de vous aimer.* Quels seront donc les transports de cét amour tout celeste ? Quelles en seront les délices, puis qu'un Dieu revestu de toutes ses perfections en sera l'objet, & que la maniere dont on l'aimera en doit estre toute divine ? Quel plaisir d'aimer quelque chose de si parfait, & de l'aimer si parfaitement, c'est-à-dire, par tout ce qu'il y a de plus tendre & de plus ardent dans les mouvemens ineffables de l'onction du Saint Esprit ! O douceur ! ô délices de l'amour des Bienheureux, que vous estes incomprehensibles ! C'est alors que le Prédestiné abandonnant son cœur à la

Veniat, obsecro, Domine, Spiritus tuus, veniat in cor meum, & sic inebriet illud, ut nullum etiam, præter te, quæram amorem, nullam præter te gustare valeam dulcedinem. *Bern. in cæna Dom.*

joye, s'abandonnera luy-mesme au ravissement & à l'admiration : & toute
l'Eternité se passera dans des transports
si doux, sans craindre rien, qui puisse
ou les arrester ou les suspendre.

Ce seront aussi ces divines operations
des trois personnes de la Trinité dans
l'ame des Bienheureux, qui les feront
répeter éternellement cét hymne de
gloire, sans jamais se lasser : *Gloire au
Pere, gloire au Fils, gloire au Saint
Esprit.* Gloire au Pere qui revestira de
son immortalité le Prédestiné ; gloire
au Fils, qui éclairera son entendement
de toutes les lumieres propres à le rendre encore plus heureux ; gloire au
Saint Esprit, qui embrasera son cœur
des ardeurs les plus saintes du divin
amour, pour achever de perfectionner
sa volonté. Enfin, tout le Ciel retentira pendant l'Eternité des loüanges immortelles de la Sainte Trinité,
qui aprés avoir fait pendant cette vie
l'humiliation de l'esprit de l'homme,
en luy paroissant tout-à-fait incomprehensible, fera dans l'autre tout son bon-

heur, en luy paroiſſant infiniment adorable, par la manifeſtation du grand
myſtere de ſa gloire, & en le comblant
de toutes ſes graces & de toutes ſes lumieres. Et il ne ſe dira rien dans l'Eternité, pour benir Dieu, par les Anges
& par les hommes, qui ne ſoit une
répetition & une eſpece de commen-
taire & d'amplification de ce glorieux
hymne, qui eſt l'éloge le plus parfait
de la Sainte Trinité. Voilà enfin ce
qu'il y a de plus eſſentiel dans la Beatitude : continuons à en examiner les
circonſtances.

CHAPITRE VI.

Ce que la Foy nous apprend du Paradis :
& que rien n'en donne tant d'idée,
que la ſimplicité avec laquelle l'Ecri-
ture en parle.

NE cherchons point à nous exprimer ſur un ſi grand ſujet, par les
images que peut nous en fournir noſtre
imagination : ſes lumieres ſont trop foi-

bles, & toutes les idées que nos esprits peuvent s'en former sont trop imparfaites. Ne consultons que la Foy pour en parler comme il faut, & ne prenons que d'elle l'instruction que nous cherchons : car ce n'est d'ordinaire qu'en hommes que nous parlons de Dieu, & c'est toûjours humainement que nous pensons de luy. Nous ne sçaurions rien imaginer qui en soit digne, quand la Foy ne vient pas à nostre secours.

La premiere idée qu'elle nous donne du Paradis dans l'Evangile, c'est sous la figure d'un royaume qu'elle nous le propose. C'est ainsi que parle le Fils de Dieu à ses Disciples sur la montagne, où apres leur avoir expliqué les principes de sa doctrine, & de cette admirable morale, dont il leur faisoit le plan, il leur parle du Ciel comme d'un royaume qu'il destine à ceux, lesquels pourront faire profession de la pauvreté Evangelique. Mais cette promesse d'un royaume est bien plus formelle dans le mesme Evangile, lors que le Fils de Dieu au dernier Jugement dit aux

Beati pauperes spititu, quoniam ipsorum est regnum cœlorum.
Matth. cap. 5.

Venite benedi-
cti Patris mei,
possidete para-
tum vobis re-
gnum à consti-
tutione mundi.
Matth. cap. 25.

Appropinqua-
vit regnum cœ-
lorum.
Matth. cap. 3.

Complacuit
Patri vestro da-
re vobis re-
gnum.
Luc. cap. 12.

Elûs : *Venez vous qui avez esté benis par mon Pere, possedez comme vostre heritage le royaume qui vous est préparé dés le commencement du monde.* Quand il ordonne à ses Apostres d'annoncer l'Evangile au monde, il leur ordonne d'annoncer un royaume : & lors qu'il les quitte pour s'en retourner au Ciel, il déclare qu'il va leur préparer un royaume. Rien enfin n'est plus souvent répeté dans le Testament nouveau, que la promesse d'un royaume, quand il s'agit de la récompense que Dieu prépare aux Prédestinez.

Non - seulement parce que ce royaume celeste qui est promis, sera une souveraineté, auprés de laquelle toute autre souveraineté n'est que servitude, parce que cette royauté rendra le Prédestiné maistre de luy & de ses desirs, & qu'en l'assujetissant à Dieu, elle l'élevera audessus de tout; non - seulement parce que rien ne résistera à ses volontez, qu'il possedera un empire sur son cœur, sur son esprit, & sur tous ses sens, sans qu'il puisse leur rien accorder qui soit capable de troubler sa tranquilité, empire plus souverain mille fois & plus glorieux que toutes les Principautez de la terre. Mais parce qu'effectivement nous serons tous des Rois dans le Ciel, comme Saint Pierre & Saint Jean nous en asseûrent, plus puissans que les Rois de la terre, que tout fléchira sous nos desirs, que nous aurons part à la puissance de Dieu, que nous entrerons dans tous ses pouvoirs, comme dit le Prophete, & qu'il n'y aura point de Prédestiné qui ne merite par le caractere de sa beatitude de monter sur le trône du Fils de Dieu, de regner avec luy, & d'estre, pour ainsi dire, compagnon de sa gloire, comme Saint Paul le promet à un de ses Disciples, quand il dit, que *si nous souffrons avec luy, nous regnerons avec luy.*

Mais il ne se contentera pas de nous faire part de son pouvoir, & de nous faire monter jusques sur son trône, comme l'enseigne Saint Jean dans l'Apocalypse, il nous fera mesme part de

Servi ejus servient illi, & regnabunt.
Apoc. cap. 22.

Fecit nos regnum & Sacerdotes Deo Patri suo.
Apoc. cap. 1.

Vos genus electum, regale sacerdotium.
1. Pet. cap. 2.

Introibo in potentias Domini. Psal. 70.

Qui vicerit, dabo ei sedere mecum in throno meo, sicut sedi cum Patre meo in throno ejus.
Apoc. cap. 3.

Si sustinebimus, & conregnabimus.
2. Tim. cap. 2.

fa gloire. *Je ne feray point pleinement satisfait*, luy difoit David, *que quand je joüiray de voftre gloire*, en la voyant à découvert. C'eft auffi ce que luy demandoit Moyfe dans ces momens heureux, où il avoit commencé à fentir les bontez de Dieu par les communications qu'il avoit avec luy. *Montrez-moy*, luy difoit-il, *voftre gloire :* & Dieu luy répondit, *Ma gloire fera de vous montrer dans mes trefors tous mes biens, & de vous en combler.* Car poffeder Dieu, c'eft poffeder tous les biens réünis enfemble : il les comprend tous, & il les partagera tous avec les Bienheureux, comme le dit Saint Paul : *Il fera tout, & tiendra lieu de tout à tous.* Cela ira encore plus loin, puis que fa joye, fon plaifir, fa beatitude, fera la joye, le plaifir, la beatitude du Prédeftiné, auquel il dira, *Entrez dans la joye de voftre Seigneur.* Ce ne fera point la joye ni la beatitude des Anges & des Puiffances celeftes dont Dieu fera part au Bienheureux, ce fera la fienne propre : il fera heureux comme l'eft Dieu,

puis

Satiabor cùm apparuerit gloria tua.
Pfal. 16.

Offende mihi gloriam tuam.
Exod. cap. 33.

Refpondit:Ego oftendam omne bonum tibi.
Ibid.

Ut fit omnia in omnibus.
1. Cor. cap. 15.

Intra in gaudium Domini tui.
Matth. cap. 25.

puis qu'il le sera de la joye de Dieu.
Enfin Dieu luy-mesme avec toute la
grandeur de sa magnificence, & avec
toutes ses perfections sera le comble du
bonheur du Prédestiné, & sa récompense, comme il le déclare à Abraham,
quand il luy dit: *Ce sera moy qui seray
le prix de tes services, & ta récompense.*
Ainsi Dieu se donnera au Fidele pour
le prix de sa fidelité : & en se donnant
il donnera tous ses tresors, & tout ce
qu'il possede. *Parce que tu as esté fidele
dans les petites choses*, dit-il au serviteur qui avoit fait profiter son talent,
je t'établiray dans les grandes, & je te
feray maistre de tous mes biens. N'est-
ce pas estre Roy avec Jesus-Christ, &
regner souverainement avec luy, que
d'estre assis sur son trône, joüir de sa
puissance, partager sa gloire, n'avoir
point d'autre joye que luy, posseder
ses tresors, & estre maistre de tous ses
biens ? Voilà en quoy consiste ce royaume que nous promet la Foy, & quelles
en sont les dépendances.

La seconde image que l'Ecriture

nous donne de cette récompense qui nous est promise au Ciel, est sous le nom de Paradis, qui signifie un lieu de délices. C'est ainsi qu'en parle le Sauveur du monde au bon Larron, expirant sur la Croix : *Je vous dis en verité que vous serez aujourd'huy avec moy dans le Paradis :* & c'est ainsi qu'en parle Saint Paul dans son ravissement au Ciel : *Cét homme, dis-je, fut ravi dans le Paradis.*

La troisiéme image est de mariage, de nopces, de festin nuptial, qui sont toutes des idées non-seulement agréables, mais des asseûrances d'établissement durable & solide. Car de tous les établissemens le plus asseûré, & le moins sujet au changement, est le Mariage : & c'est principalement dans l'Apocalypse, où Saint Jean décrit la joye du Paradis, que nous en trouvons l'expression sous cette figure. Les autres images que nous trouvons dans l'Ecriture de cette récompense éternelle, sont de diamant, de perle, de tresor, & de ce qu'il y a de

Amen dico tibi, hodie mecum eris in paradiso.
Luc. cap. 23.

Quoniam raptus est in paradisum.
2. Cor. cap. 12.

Gaudeamus & exultemus, quia venerunt nuptiæ agni... Beati qui ad cœnam nuptiarum agni vocati sunt.
Apoc. cap. 19.

plus précieux sur la terre, & qu'on doit donner tout ce qu'on possede pour l'aquerir.

Mais ces images, quelque grandes qu'elles soient aux yeux des hommes, ne sont aprés tout que de foibles expressions du Paradis. Ce que l'Ecriture nous en dit n'est rien en comparaison de ce que c'en est. Il est vray que rien n'est plus commun que ce qu'elle nous donne à penser sur ce sujet : & qu'il semble qu'elle fasse un mystere de la grandeur de cette gloire, pour nous en cacher le prix. Mais cette simplicité mesme est une marque de sa perfection, parce que le langage de Dieu dans les plus grands sujets est le silence : ce n'est qu'en se taisant qu'il s'explique le mieux, afin d'humilier par là le faste de l'éloquence humaine, qui ne cherche que l'éclat de la parole pour imposer. Rien n'exprime tant que cét air simple, qui dans les promesses de Dieu porte un caractere non-seulement de leur merite, mais encore de leur grandeur. C'est la maniere dont parle le Sauveur du monde, qui dit de grandes choses par des termes bas & petits, sans exageration ni amplification aucune : car ce n'est point en déclamateur, mais en Dieu qu'il parle, regardant tout au dessous de soy, estant luy-mesme au dessus de tout. C'est un grand Seigneur qui dit ce qu'il veut faire pour ceux qui le serviront, en diminuant plûtost ce qu'il leur promet, qu'en l'amplifiant : laissant à ceux à qui il parle la liberté d'en penser plus qu'il n'en dit, sans chercher à prévenir leurs esprits par des termes magnifiques & par des expressions extraordinaires.

Car sans rien dire des comparaisons basses du boire & du manger, sous lesquelles le Fils de Dieu representoit à ses Disciples encore grossiers la récompense qu'il leur préparoit, pour se proportionner à leurs esprits : que peut-on dire de plus simple & de plus petit de cette gloire, que ce qu'il en dit luy-mesme, *Qu'il n'y aura ni larmes, ni plaintes, ni douleur aucune au Ciel pour les Bienheureux?* On voit bien que c'est un Dieu qui parle : cette expression

toute simple qu'elle est, a de la dignité, rien ne dit tant que ce peu de paroles, qui marquent une exclusion si
positive à tout ce qu'il y a de triste,
d'amer, & de douloureux dans la vie.
Les petits esprits sont naturellement
parleurs, & ce n'est que par leur silence que s'expliquent les grands. Dieu
mesme prend souvent plaisir à voiler la
majesté de sa parole sous des termes
vils & communs, pour en cacher le
mystere aux orgueilleux, & le faire
mieux sentir aux humbles, ausquels il
apprend par là à l'écouter avec plus de
respect, & à exercer encore mieux leur
foy dans la bassesse & l'obscurité qu'ils
y trouvent, en se nourrissant de ce
qu'ils comprennent, & en adorant ce
qu'ils ne comprennent pas. Et tout bien
consideré, les ames éclairées & instrui-
tes du fonds de nostre Religion, au
lieu de se rebuter de la simplicité de la
parole de Dieu, la respectent encore
plus, parce qu'elles y découvrent ce
qu'il y a de grand, comme Saint Augustin l'enseigne, prétendant qu'il faut

Audiamus scripturam humiliter excelsa dicentem. *Aug.*

toûjours entendre ce que nous dit cette divine parole, conformément à la puissance & à la grandeur de Dieu qui parle, & d'une maniere qui soit digne de luy.

Regnum Dei non est esca & potus, sed pax & gaudium in Spiritu sancto. *Rom. cap. 8.*

Ainsi, quoy-qu'il ne faille pas toûjours s'arrester aux expressions basses que l'Ecriture nous donne de cette gloire que nous esperons, pour en prendre une idée juste, on ne laisse pas que de trouver je ne sçay quoy de grand jusques dans la simplicité des termes dont

Cibabit illum pane vitæ & intellectus. *Ecclef. cap. 15.*

elle se sert pour s'en expliquer : parce qu'enfin c'est moins par ostentation de sa puissance que Dieu nous en parle luy-mesme, que par la manifestation de ses bontez, & par la profusion de ses misericordes. Cette nourriture qu'il donnera au Bienheureux, sera un pain celeste, & une nourriture d'esprit & d'intelligence, comme l'explique le Sa-

Nimis honorificati sunt amici tui Deus, nimis confortatus est principatus eorum. *Psal. 139.*

ge. Mais aprés tout, quoy-que le Fils de Dieu soit si retenu à nous vanter le prix de la gloire qu'il nous promet, pour en parler mieux en Dieu, il nous en dit assez pour nous en donner de grandes idées ; & pour peu qu'on s'affectionne à méditer ce que l'Ecriture nous laisse à penser de cette gloire, on trouvera plus qu'il n'en faut pour exciter toute la ferveur de l'esperance qu'on doit avoir des biens éternels. Car ce peu qu'elle nous en dit, tout simple qu'il est, ne laisse pas de signifier beaucoup, & d'estre d'une tres-grande instruction.

Gaudete & exultate, quoniam merces vestra copiosa est in cœlis. Matth. cap. 5.

Et regni ejus non erit finis. Luc. cap. 1.

CHAPITRE VII.
De la Résurrection des corps, & des qualitez glorieuses qui doivent l'accompagner.

CETTE Résurrection des corps, où se perd la raison humaine, qui n'y comprend rien, & que toute la sagesse de l'Aréopage traita de chimere, quand Saint Paul leur en fit la proposition, est, pour ainsi dire, le premier rayon de gloire, & la premiere disposition à la beatitude que nous attendons. Car ce corps corruptible, sous le poids duquel nous gemissons, fera

Quando corruptibile hoc induerit incorru-

ra revestu d'incorruptibilité, dit Saint Paul, & cette chair fragile & mortelle sera revestuë d'immortalité. Je ne diray rien du son terrible de cette trompette qui tirera les morts de leurs sepulcres, dont parle Saint Paul dans le mesme lieu aux Corinthiens ; ni de l'appareil de cette Résurrection universelle de tous les hommes, depuis le premier jusqu'au dernier, qui se fera en un moment. Je ne parleray point de la pompe de ce glorieux avenement du Fils de Dieu pour juger le monde; ni de ce rapt & de cét enlevement subit des Elûs pour s'aller joindre au Seigneur; ni de toutes ces autres circonstances de la Résurrection, dont l'Apostre fait la description : ce ne seront-là que les préparatifs à cette gloire dont il s'agit. Il suffit de dire que la Résurrection du Fils de Dieu estant une asseûrance & un gage de la nostre, elle en sera aussi en quelque façon le modele. Car nous ressusciterons à mesme âge que luy, c'est à dire, à l'âge le plus parfait de l'homme, à trente ans, ou environ,

quand

quand les passions sont affoiblies, & que la raison est dans sa force & dans sa vigueur : mais sans ces assujetissemens, & sans cette dépendance aux necessitez de la vie que nous menons icy-bas, qui est la plus grande & la plus humiliante des servitudes de l'homme. Il ressuscitera avec toutes ses perfections, sans imperfection aucune, avec un corps plus beau mille fois, & plus accompli que celuy du premier homme formé par la main du Createur. Il sera revestu de toutes les qualitez qui pourront contribuer à sa beauté, par la satisfaction générale des sens, selon leur integrité naturelle : car il est juste qu'ils ayent part à la gloire, aprés avoir eû part au combat. *Afin,* dit l'Apostre, *que chaque Prédestiné reçoive ce qui est deû aux actions qu'il aura faites en cette vie pendant qu'il estoit revestu de son corps.* Enfin, il ressuscitera couvert d'une lumiere, qui ne laissera presque point d'autre distinction de rang, de qualité, d'estat parmi les Elûs dans le Ciel, que celle qu'il y a parmi les Anges, ausquels

L

Æquales Ange-
lis sunt, & filii
sunt Dei, cùm
sint filii resur-
rectionis.
Luc. cap. 20.

ils deviendront semblables, car ils vi-
vront comme les Anges.

Alors accomplis qu'ils seront par cette réforme prise sur le modele de la
gloire du Corps de Jesus-Christ, & delivrez de la servitude où les assujetissoit
leur condition mortelle sous laquelle
ils gemissoient pendant cette vie, ils
sentiront l'effet de cette divine adoption
dont parle Saint Paul, qui sera le comble de leur gloire. Voicy comme il explique la maniere dont s'accomplira ce
mystere. *Aussi sçavons-nous que si cette*
maison de terre où nous habitons, vient
à se dissoudre, Dieu nous donnera dans le
Ciel une autre maison, qui ne sera point
faite de la main des hommes, & qui durera
éternellement. C'est ce qui nous fait sans
cesse gemir dans le desir que nous avons
d'estre revestus de la gloire qui nous est pro-
mise en cette maison celeste : car pendant
que nous sommes dans ce corps, nous soupi-
rons sous le poids de sa pesanteur. Ce qu'il
explique plus au long dans ce mesme
lieu, où il décrit plus en particulier le
détail d'un changement si glorieux.

Scimus , quo-
niam si terres-
tris domus nos-
tra hujus habi-
tationis dissol-
vatur, quòd æ-
dificationem ex
Deo habemus ,
domum non
manufactam,
æternam in cœ-
lis. Nam & in
hoc ingemisci-
mus, habitatio-
nem nostram ,
quæ de cœlo
est, superindui
cupientes.
2. Cor. cap. 5.

Ainsi, aprés cette Résurrection ce qu'il y aura de materiel dans le corps de l'homme, bien loin d'appesantir son esprit, comme il le fait maintenant, ce corps suivra les mouvemens les plus saints de l'ame avec une admirable facilité. Car de pesant & de massif qu'il est en son estat naturel, par le don d'agilité, qui sera un des attributs de cette glorieuse Résurrection, il deviendra spirituel à sa maniere. Ce n'est pas à dire qu'il change de nature, ou qu'il doive devenir un esprit, comme dit Saint Paulin : mais parce que s'élevant de sa propre vertu, comme s'éleva le Corps du Sauveur ressuscité quand il monta au Ciel, il parcourra les differentes regions du firmament aussi promptement & aussi aisément qu'un esprit pur, comparable en cela par sa vistesse à un aigle qui fend l'air : & cette vistesse sera si grande, qu'elle égalera en quelque façon celle de l'esprit, au sentiment de Saint Bernard.

Ce don, aprés tout, que nous ne concevons point comme il faut, estant

Seminatur corpus animale, surget corpus spiritale.
1. Cor. cap. 15.

Caro transit in spiritum, non substantiæ commutatione. Paulin.

Assument pennas, sicut aquilæ current, & non laborabunt.
Isa. cap. 40.
Possunt, si velint, ipsam cogitationum nostrarum sequi velocitatem.
Bernard.

auffi materiels que nous le fommes, ne
laiffera pas que d'eftre une efpece de
beatitude au corps, fi l'on fait réflexion à la difference qu'il y a de la dif-
pofition d'un jeune homme à celle d'un
vieillard : fur tout quand il s'agira de
la demeure du Ciel, où l'éloignement
& l'intervalle des lieux feront fi grands
par la vafte étenduë des regions celeftes ; où les corps, dégagez qu'ils feront du poids de la matiere, auront des
mouvemens auffi libres, auffi vifs, &
auffi aifez que les efprits.

Mais cette agilité fera bien perfe-
ctionnée par le don de fubtilité qui doit
l'accompagner. Car cette qualité, fans
ofter au corps aucune de fes dimenfions
naturelles, le rendra capable de tout
pénetrer, fans trouver d'obftacle : comme il paroift dans le Corps du Fils de
Dieu reffufcité, qui paffe au travers de
la pierre dont fon fepulcre eftoit couvert, & qui entre dans le Cenacle où
les Apoftres font affemblez, les portes
eftant fermées. Saint Thomas d'Aquin
expliquant cette qualité, qui eft une

de celles qu'il donne au corps glorieux,
prétend qu'il se répandra de l'ame du
Bienheureux un rayon de gloire sur le
corps, qui le rendra encore plus spirituel que le don d'agilité : ce qui se fera
par une espece d'activité qu'elle luy imprimera, sans toutefois luy rien oster
de ses qualitez, & sans qu'il cesse d'estre
palpable, comme nostre Seigneur le fit
voir à ses Disciples dans son Corps glorieux.

La troisiéme qualité du corps bienheureux est la clarté, qui sera si parfaite, qu'elle surpassera de beaucoup *Non adæqua-*
celle de l'or & du cristal, comme dit *bitur ei aurum, neque vitrum.*
Job. Et Saint Matthieu asseûre que les *Job. cap. 28.*
Bienheureux brilleront comme le So- *Justi fulgebunt*
leil. Salomon avoit dit la mesme chose *sicut sol.*
au livre de la Sagesse. Cette clarté qui *Matth. cap. 5.*
doit embellir le corps sera comme une *Fulgebunt justi tanquam scin-*
espece de rejallissement de l'ame com- *tillæ.*
blée de tout l'éclat de la lumiere de *Sap. cap. 3.*
gloire dont elle sera revestuë : & cet- *Hæc claritas in corpus ab ani-*
te lumiere sera plus éclatante que cel- *mæ gloria re-dundabit.*
le de la lune & du soleil, comme *Thom. 3. part. de Resur.*
Saint Jean l'asseûre dans l'Apocalypse.

Mais pour bien comprendre l'effet admirable de cette clarté, il ne faut que s'imaginer le corps à l'égard de l'ame, comme un cristal à l'égard du Soleil, qui bien loin d'obscurcir par son épaisseur la lumiere dont il est pénetré, la rend encore plus vive & plus éclatante.

Enfin pour l'accomplissement de la Beatitude du corps aprés la Résurrection, il deviendra impassible : c'est-à-dire, que cette chair tendre & fragile, susceptible de toutes les impressions de l'air jusqu'à la délicatesse, ce corps si sujet aux differens changemens des saisons qui l'exposoient à une infinité de souffrances, deviendra par ce don d'impassibilité tout-à-fait inalterable, & dans un estat inviolable à tout ce qui pourroit luy nuire. Le froid ni le chaud, la sécheresse ni l'humidité, les vents ni les pluyes, & tout ce qui seroit capable de l'incommoder, ne fera aucune impression sur luy : & autant qu'il sera sensible à toutes les douceurs qui luy seront convenables, autant sera-t-il insensible à tout ce qui pourroit luy

Non esurient, neque sitient amplius, nec cadet super illos sol, neque ullus æstus.
Apoc. cap. 7.

Non esurient, neque sitient, & non percutiet eos æstus & sol.
Isa. cap. 49.

estre nuisible. C'est ainsi que toutes les perfections corporelles que l'homme a receuës dans sa premiere création, lors qu'il sortit si accompli des mains du Createur, recevront à la Résurrection un nouveau degré de perfection, comme l'enseigne Saint Prosper. Car le Fils de Dieu, ainsi que parle l'Apostre, *transformera nostre corps, tout vil & abjet qu'il est, afin de le rendre conforme à son Corps glorieux par cette vertu qui le rend maistre de toutes choses.* Et ces qualitez admirables dont le corps du Prédestiné sera revestu ne serviront qu'à le rendre un sujet plus capable & plus disposé à gouster mieux tous les avantages de la gloire dont il sera comblé, pour en joüir par une pureté des sens & une vivacité bien plus parfaite que celle qui leur estoit naturelle : un corps enfin qui ne connoistra plus de besoins, n'estant plus sujet aux infirmitez humaines, depuis qu'il est revestu des dons de la gloire.

On doit ajouster à cét estat de perfection du corps de l'homme par la

Résurrection, le renouvellement général de toutes les creatures du Ciel, de
la terre, du soleil, de la lune, des
étoilles, & de toutes les parties de
l'Univers, qui deviendront bien plus
belles pour orner le monde de leur beauté. C'est le sentiment de Saint Thomas.
Cette terre que nous habitons presentement, qui avoit autrefois esté mau-
dite par le peché, & qui conserve encore les funestes traces de sa maledi-
ction, changera d'estat : elle se perfectionnera, les élemens se purifieront, le
Ciel brillera d'une nouvelle lumiere,
les astres redoubleront leur éclat, l'air
sera plus éclairé, l'eau plus pure, la
terre plus fleurie. Ce monde si admirable déja par toutes les beautez dont le
Createur le para en sa création, deviendra infiniment plus beau par des
traits nouveaux de magnificence que
Dieu n'a jamais encore fait sentir aux
hommes. Enfin la nature enrichie de
tous les attraits dont fut accompagnée
sa naissance, se renouvellera de telle
sorte, que toutes les creatures qui sou-
pirent

Et vidi cœlum novum, & ter-ram novam, & dixit qui sede-bat in trono: Ecce nova fa-cio omnia. Apoc. cap. 21.

Novos cœlos, novam terram secundùm pro-missa ejus ex-pectamus. Pet. epist. 2.

pirent aprés un changement, lequel leur sera si glorieux, comme le dit Saint Paul, seront plus belles, pour faire encore mieux sentir à l'homme la puissance suprême de Dieu par la manifestation de sa magnificence. Car il prendra plaisir à parer d'ornemens nouveaux cét Univers, pour en faire un spectacle encore plus éclatant aux Prédestinez: & tout ce qu'il y a de beau maintenant sur la terre sera effacé par l'éclat que le monde recevra de cét estat de gloire destiné à l'Eternité.

Omnis creatura ingemiscit, & parturit usque adhuc, expectans revelationem filiorum Dei. Rom. cap. 8.

Ad hoc innovatio mundi ordinatur, ut Deus manifestis indiciis, quasi sensibiliter, ab homine videatur. Thom. quæst. 91. art. 3. de Resur.

CHAPITRE VIII.

Quelle sera la beauté & la magnificence du Palais de ce Royaume éternel, & en quel lieu il sera situé.

LA demeure ordinaire de Dieu, qui estant un esprit remplit le monde de son immensité, est le Ciel, comme dit le Prophete: *Le Ciel est pour le Seigneur, qui a donné la terre à habiter aux hommes.* Et c'est ce qu'apprit le

Cœlum cœli Domino, terram autem dedit filiis hominum. Psal. 113.

M

Fils de Dieu à ses Disciples, en leur enseignant à prier : *Nostre Pere, qui estes au Ciel.* C'est là qu'il a basti son Palais : mais on ne sçait point précisément en quelle partie du Ciel il habitera principalement. Car ce que nous en dit David, *Que la contrée des regions d'où souffle l'aquilon, est la situation de la cité où il fait sa demeure,* se dit plûtost pour la grandeur & pour la magnificence de cette cité, que pour la description exacte de son plan.

Et si Dieu a voulu que le lieu où il avoit placé le Paradis terrestre fust inconnu aux hommes, comme l'enseigne Saint Augustin ; & comme Theodoret justifie cette conduite de Dieu, qui a jugé à propos de dérober à nostre connoissance une chose si peu necessaire à nostre édification : il ne faut pas s'étonner si le lieu où est située cette demeure éternelle des Bienheureux nous est si inconnu. Car ne suffit-il pas que nous sçachions que ce sera au Ciel que nous vivrons éternellement, sans sçavoir en quel endroit du Ciel. Tous les Theo-

Pater noster, qui es in cœlis. *Matth. cap. 6.*

Dominus in cœlo paravit sedem suam. *Psal. 102.*

Latera aquilonis, civitas regis magni. *Psal. 47.*

Locus ipse Paradisi à cognitione hominum remotissimus. *Aug. lib. 8. cap. 7. de Gen. ad litt.*

logiens qui ont examiné un peu à fonds cette question conviennent que ce doit estre dans quelque espace de cette vaste étenduë qu'on appelle le Firmament : ce que Saint Paul donne lieu de croire, quand il dit, *qu'il fut enlevé au troisiéme Ciel*, qui estoit alors dans la commune opinion des Juifs & des Grecs, le Firmament. Car ce Ciel, par la fermeté & par la consistence de sa situation, est plus propre à estre habité que les autres Cieux, qui sont moins solides : & il y a de l'apparence que c'est dans ce Ciel qu'est bastie cette sainte cité dont nous parle Saint Jean en son Apocalypse. Rien n'est plus beau, ni plus magnifique que la description qu'il nous en fait dans son chapitre vingt-uniéme. Ces ruës pavées d'or, ces murailles revestuës de pierres précieuses, cette ville qui sera elle seule le palais de son Roy, cette celeste Jerusalem qui est nostre mere, dit l'Apostre, parce que les vrais Fideles l'habitent déja par leur foy, & par leurs desirs ; enfin cette cité toute sainte sera d'une matiere bien autre

Scio hominem raptum hujusmodi usque ad tertium cœlum.
2. Cor. cap. 12.

Ipsa verò civitas, aurum mundum, simile vitro mundo, & fundamenta civitatis omni lapide pretioso ornata, platea civitatis aurum mundum, tanquam vitrum perlucidum, &c.
Apoc. cap. 21.

que celle de la terre, où les hommes, dit Job, tout magnifiques qu'ils s'efforcent d'estre, ne sçauroient bastir que des maisons de boûë. Ainsi de la maniere dont elle sera elle-mesme bastie, elle ne peut estre située que dans le Firmament, qui est un lieu naturellement plus solide que le cristal, & plus éclatant que les astres. C'est le sentiment de Saint Augustin, quand il dit *que ce sera le lieu de nostre demeure pendant l'éternité.*

Au reste, n'allons point nous figurer dans le détail de ce palais celeste ces vains ornemens dont le luxe & la vanité des hommes s'occupe à parer les maisons des Grands. N'allons point nous imaginer un amas confus de ces richesses de la terre, dont on embellit leurs demeures, ces appartemens enrichis de tout ce que l'orgueïl de la somptuosité peut inventer de précieux : tout cela n'est que terrestre, corruptible, & peu digne de la grandeur d'un Dieu. Les idées mesmes les plus éclatantes que les Saints Peres nous donnent de la beauté

de ce Palais, n'ont rien que de vil &
de sombre, en comparaison de ce qu'il
doit estre : c'est-à-dire , l'ouvrage le
plus achevé de la puissance de Dieu, où
il doit étaler tout ce qu'il y a de plus
riche dans ses tresors. Ce sera une archi-
tecture d'un autre ordre & d'un autre
esprit que de celuy des hommes ; un
édifice le plus superbe qu'on puisse imaginer ; la demeure d'un palais que Dieu
qui a fait toutes les beautez de ce monde visible , & de ce grand objet qui
occupe nostre admiration depuis tant
de siecles, & qui les a fait en un moment, comme l'a crû Saint Augustin,
prépare à ses Elûs depuis le commencement du monde. Enfin, ce sera une espece de manifestation de la gloire du Createur, que ce somptueux ouvrage, & le
chef-d'œuvre, pour ainsi dire, de la toute-puissance, qui ne s'est encore proprement déclarée que par de petits rayons,
& par des écoulemens imparfaits de son
pouvoir, lequel éclatera alors dans sa
plenitude ; & tout repondra à la beauté
de cette admirable demeure.

M iij

Les efforts que fait Saint Jean pour nous en faire la description dans son Apocalypse, tout animez qu'ils sont de l'Esprit de Dieu, dont le sien est soustenu, ne sont que de foibles images de la verité. Ce qu'il dit, qu'il fut transporté par un Ange sur une haute montagne pour découvrir toutes les beautez de cette celeste Jerusalem ; la solidité qu'il luy donne pour ses fondemens ; la grandeur de ses portes ; la fermeté de ses murs ; l'étenduë de son circuit ; l'or & les pierreries dont elle est bastie ; l'éclat dont elle est environnée, qui est si grand, qu'elle n'a pas besoin d'estre éclairée du soleil ; la gloire de Dieu qui sera sa lumiere, & cét Agneau lequel sera son flambeau : enfin, toutes ces magnificences que l'Apostre nous décrit si au long, ne sont que de foibles traits de l'éclat & de la somptuosité des ineffables beautez dont ce Palais sera orné. Ce qui donnoit lieu au Roy Prophete de se récrier : *On a dit de vous des choses pleines de gloire, ô Cité de Dieu !* C'estoit aussi le sentiment de Tobie, quand transporté d'admiration il faisoit l'éloge de cette divine demeure. *Vous brillerez de lumiere, disoit-il, par esprit de Prophetie, de la celeste Jerusalem; les extrémitez les plus éloignées de la terre auront une veneration pour vous qui ira jusqu'à l'adoration... Vos portes seront basties de pierres précieuses; tout y sera superbe & magnifique; les ruës & les places publiques retentiront de cantiques de joye.* C'estoit de la sorte qu'en parloit le Prophete Baruc. *O combien est grande, s'écrioit-il, la maison de Dieu en toutes ses dimensions! Combien est vaste le lieu de cette celeste demeure, qui n'a point de bornes!*

Que diray-je de ces ravissemens, & de ces defaillances d'amour que ressentoit David dans la seule idée qu'il se formoit de ce divin Palais: lors que pénetré de ces sentimens, *Que vos tabernacles,* disoit-il, *sont aimables, Seigneur; mon ame languit & se consume du desir de vous y posseder!* Je ne m'arresteray point à ces expressions ar-

Luce splendidâ fulgebis, Jerusalem civitas Dei, & omnes fines terræ adorabunt te...
Portæ Jerusalem ex sapphiro, & smaragdo ædificabuntur, & ex lapide pretioso omnis circuitus murorum ejus. Ex lapide candido & mundo omnes plateæ ejus sternentur, & per vicos ejus alleluia cantabitur. *Cap. 13.*
O Israël, quàm magna est domus Dei, & ingens locus possessionis ejus, magnus est, & non habet finem. *Cap. 3.*

Quàm dilecta tabernacula tua, Domine virtutum Concupiscit & deficit anima mea in atria Domini. *Psal. 83.*

dentes & embrafées d'amour, dont les Confeſſions de Saint Auguſtin ſont remplies, lors que ſoupirant aprés les beautez de la celeſte Jeruſalem, il prenoit plaiſir de s'épancher ſur ſes loûanges. *Je laiſſeray*, diſoit-il, *les pecheurs ſouffler ſur la terre, & élever la pouſſiere qui les aveugle, tandis que je me retireray dans le ſecret de mon ame, pour y chanter des cantiques d'amour dans la paſſion violente qui me fait ſoupirer aprés vos beautez, pour y déplorer avec de profonds gemiſſemens la miſere de mon pelerinage, pour élever mon cœur en haut vers la Jeruſalem celeſte, & pour y avoir continuellement preſente à mon eſprit ma chere patrie, cette Jeruſalem ma chere mere, qui poſſede les prémices de mon eſprit.* Il faudroit décrire ce chapitre entier, pour dire tout ce qui regarde ce ſujet. Quels traits d'éloquence, ou plûtoſt de raviſſement ne déploye-t-il pas dans le chapitre précedent du meſme livre, quand bruſlé, comme il dit luymeſme, de la grandeur de ſon amour, il s'écrie : *O admirable maiſon ! ô palais étincelant*

étincelant de lumiere, que je suis char-
mé de vos incomparables beautez, & de
ce bienheureux séjour, où réside la gloire
de mon Dieu, qui est tout ensemble l'ou-
vrier qui vous a basti, & le Roy qui
vous habite !

Mais aprés tout, ce Pere si éclairé dans
les mysteres de l'autre vie, parlant ailleurs
de ce temple de gloire, en exprime la structure d'une maniere bien plus touchante
& plus noble que n'est cette magnificence exterieure dont Saint Jean bastit cette Cité dans l'Apocalypse : lors qu'il dit
que ce sera la Charité elle-mesme qui
assemblera, & liera les pierres vivantes
de ce divin édifice, qu'elles composent.
Et toutes ces figures que nous trace au
mesme lieu cét Apostre avec des termes si brillans ; cette ville la plus su-
perbement bastie qui fut jamais ; cette
celeste Sion, dont la terrestre, où il
s'est passé de si grands mysteres, n'estoit
que l'ombre ; cét or dont les ruës sont
pavées ; ce cristal dont elle est revestuë
dans le circuit de ses murailles ; ces pierres précieuses dont elle est embellie ;

N

sa, dilexi deco-
rem tuum, &
locum habita-
tionis gloriæ
Domini mei,
fabricatoris, &
possessoris tui.
Cap. 15. lib. 12.

Aug. in Psal. 44.

toutes ces beautez dont elle eſt parée,
n'ont rien de comparable à ce que David nous en apprend, quand il dit que
ce ſacré palais du Dieu éternel ſera baſti
de toutes les richeſſes & de tous les treſors de la miſericorde ; que la juſtice en
ſera le plus grand ornement ; & que la
verité en doit eſtre le premier plan.
C'eſt là que nous la verrons dans la
pureté de ſa ſource, non pas dans des
ruiſſeaux troubles & écartez, telle
que nous la voyons ſur la terre. C'eſt
auſſi l'idée que nous en donne David, quand il dit que ce divin palais
n'a rien de pareil aux palais de la terre.
Ce temple où Dieu fera ſa demeure,
ne ſera point ſi grand par ſa magnificence, qu'il le ſera par la grandeur de
ſa ſainteté : & il ne ſera point ſi admirable en ſes richeſſes & dans ſes autres
ornemens, qu'il le ſera par le prix de
la juſtice. Voilà quel ſera ce temple vi-
ſible de Dieu, pour y eſtre honoré &
adoré éternellement par ceux, qui l'aiment en eſprit & en verité.

In æternum mi-
ſericordia ædi-
ficabitur in cœ-
lis, præparabi-
tur veritas tua
in eis.
Pſal. 121.

CHAPITRE IX.

Quels seront les habitans de ce Royaume, & la compagnie qu'on aura dans le Paradis.

CETTE compagnie sera l'assemblée la plus belle, la plus choisie, la plus accomplie, la plus nombreuse qui ait jamais esté. Elle sera composée d'autant de Rois que de Prédestinez, qui seront les sujets du Roy éternel, comme l'asseûre Saint Jean: car il n'appartient qu'à Dieu de n'avoir pour sujets que des Rois & des testes couronnées. Ce seront tous les gens de bien de tous les siecles réünis dans une mesme société, tous les gens raisonnables, & tous les vertueux qui ont vécu dans le monde, les Saints de toutes les nations de la terre, & l'assemblée générale de tous les Elûs choisis de la main de Dieu. Cette multitude presque infinie d'Anges & d'Esprits glorieux qui environnent le trône de Dieu; ce nombre si

Servient illi. . *& regnabunt.* *Apoc. cap. 22.*

grand, que Saint Denis au livre de la Hierarchie, l'eſtime innombrable, & que Saint Thomas prétend ne pouvoir pas meſme eſtre ſupputé, par la ſeule qualité de leur nature ſpirituelle, qui exige de ſurpaſſer en nombre toutes les ſubſtances materielles. C'eſt auſſi ce que diſoit le Prophete Daniel, que la Cour celeſte eſtoit compoſée de mille, de dixaines, & de centaines de millions d'Anges, qui ſervoient le Seigneur. Il eſt vray que le ſeul dénombrement que fait Saint Denis des Chœurs des Anges qui compoſent la Hierarchie celeſte, & que la ſeule diſtinction de ces Trônes, de ces Puiſſances, de ces Dominations, de ces Vertus, de ces Principautez, de ces Cherubins, de ces Seraphins, de ces Anges, de ces Archanges, & cette eſpece d'infinité ſurpaſſe tellement tous les nombres imaginables, & la multitude en eſt ſi grande, dit Job, qu'on ne peut pas parvenir à les compter.

Mais quand on penſe à la qualité & au merite de ces divines Intelligences, quels ſujets de la Cour de ce ſouverain

Maiſtre ! Quels eſprits ! Quelle aſſemblée ! Quelle compagnie ! Ne ſera-t-elle
pas mille fois plus nombreuſe que celle
des Réprouvez, ſi l'on fait une ſuppu-
tation exacte des rangs differens de ces
neuf Chœurs des Anges, ſelon le plan
qu'en a fait Saint Denis. Où a-t-on
jamais veû de compagnie pareille : ſur
tout ſi l'on fait réflexion que le plus
imparfait de ces Eſprits ſurpaſſe en perfection les plus accomplis des hommes ?
Quel commerce ! Quelle ſocieté ! Quelle douceur pour les Bienheureux ! Que
ſera-ce de tant de généreux Martyrs,
de tant de glorieux Confeſſeurs, de
tant de Saintes Vierges, & de cette
troupe innombrable d'Elûs de tous les
païs, de toutes les tribus, de tous les
peuples du monde, que Saint Jean dé-
couvrit ſur la montagne en ſon Apo-
calypſe ? Que ſera-ce quand on ſe trou- *Vidi turbam*
vera au milieu de cette aſſemblée de *magnam,quam*
tous les gens de bien qui ont jamais *dinumerare ne-*
mo poterat.
eſté, dont il n'en faudroit que peu *Apoc. cap. 7.*
pour faire une belle compagnie ?

Si la renommée de la vertu du grand

Saint Antoine, à qui les Empereurs faisoient leur Cour, avoit rendu ce saint Solitaire si célebre, que l'on venoit de tous costez dans son desert, pour avoir la consolation de le voir, comme Saint Athanase nous en asseûre : & si la Reine de Saba quitta son païs, pour satisfaire à la curiosité qu'elle avoit de voir un sage dans la personne de Salomon : quelle consolation sera-ce de voir tous les sages & tous les vertueux qui ont esté dans tous les temps, réünis en un mesme lieu, & composer une mesme societé ? Une compagnie de la sorte seroit capable elle seule d'exciter tous les desirs d'un esprit raisonnable, pour joûir d'un si agreable commerce. Si la seule compagnie d'un honneste homme, qui a de la douceur, de la raison, de la probité, est quelque chose de si aimable, que Saint Augustin avoûë qu'il ne trouvoit dans la vie aucun bonheur pareil à celuy d'avoir trouvé un vray ami, & qu'il ne pouvoit plus estre heureux sans cela : quelle douceur de n'avoir point d'autre societé ? Et si ces

Quærebam quod amarem, amans amare. *Aug. Conf. lib. 9. cap. 1.*

Nec jam sine amicis beatus esse poteram. *August. ibid. lib. 6. cap. 15.*

Amare & amari dulce mihi erat, si amore fruerer. *Aug. ibid. lib. 3. cap. 71.*

heureux Esprits avec qui l'on doit vivre éternellement sont tous de la sorte, & encore infiniment plus parfaits : quelles délices pour ceux qui seront de leur compagnie ?

Ce doit estre aussi un des bonheurs de cette assemblée, que l'union admirable entre ceux qui la composeront. Ils joüiront tous d'une paix inalterable, sans nul differend, & sans contestation aucune avec qui que ce soit, & dont celle que le Prophete promettoit au peuple de Dieu n'est que l'ombre, dans toute l'abondance & dans toute la richesse qui la promettoit. Ce sera cette paix toute celeste, qui sera une des beatitudes de l'autre vie. La paix de ce divin Royaume estant, comme l'a définit Saint Augustin, une union reglée & parfaite pour posseder tranquillement Dieu, & pour se posseder les uns & les autres en Dieu : ils s'aimeront souverainement, parce qu'ils seront remplis de Dieu, qui sera, comme dit l'Apostre, tout en tous, & leur tiendra lieu de toutes choses. Ils seront tous unis com-

Sedebit populus meus in pulchritudine pacis, in tabernaculis fiduciæ, & in requie opulenta. Is. c. 32.

Aug. de Civit. Dei lib. 19. cap. 13.

me les pierres vivantes d'un mesme édifice, ainsi que parle le saint Apostre,
qui s'entre-supportent, estant posées sur
un mesme fondement, pour former ensemble un temple, où Dieu soit éternellement honoré. L'ame de chacun sera
à découvert à tous d'une maniere, où
ils ne verront aucune diversité de sentimens, de desirs, de desseins, d'inten-
tions, sans nul ombrage, & sans nul
soupçon : parce qu'ils seront tous animez d'un mesme esprit, estant possedez
& remplis de l'esprit de Dieu.

Alors tous les sentimens de l'homme, cét amour propre dont il est si
plein, cét attachement à son opinion,
cét esprit de contradiction, ces disputes,
ces bizarreries d'humeur, ces animosi-
tez, ces jalousies qui ne résident que
dans les petites ames, & toutes ces
imperfections propres à rendre le cœur
charnel & terrestre, seront éternellement bannies de ce Royaume de paix :
tout cela y sera détruit : le seul Esprit
de Dieu regnera dans tous les esprits,
pour y produire une concorde parfaite

de

de mesmes sentimens, & une union
inviolable. La paix qui sera un des plus
grands avantages de cette sainte Cité,
regnera dans l'enceinte, & mesme jusques sur toutes les frontieres de ce
Royaume divin : comme si cette aimable demeure estoit entierement inaccessible à la desunion. Ce sera un païs qui
ne pourra estre habité que par les simples, & par les debonnaires. L'union
étroite des cœurs fera le comble de
la felicité de cette celeste demeure.

 Quelle consolation aux Bienheureux
d'avoir tous les mesmes desirs, les mesmes inclinations, les mesmes sentimens !
Et si la vie des premiers Chrestiens estoit
si douce, parce qu'ils n'avoient tous
qu'un mesme cœur & qu'une mesme
ame, comme dit Saint Luc, combien
plus agréable sera celle des Prédestinez,
qui seront tous animez d'un mesme esprit ? Ah ! si j'avois des expressions assez tendres & assez fortes pour décrire
la douceur de ces amitiez chastes &
spirituelles qui auront lieu dans le Ciel,
où l'on ne s'aimera que par l'esprit, &

Posuit fines
tuos pacem.
Psal. 147.

Multitudinis
credentium e-
rat cor unum,
& anima una.
Act. cap. 4.

pour expliquer ces tendreſſes toutes ſaintes que les Bienheureux auront les uns
pour les autres, & ces communications
amoureuſes, où les vapeurs impures de
la chair, & tout ce commerce honteux
des ſens n'auront point de part : quels
plaiſirs & quelles délices ne ferois-je
point reſſentir aux ames pures qui n'aſ-
pirent qu'à la joüiſſance de ces affections celeſtes, leſquelles feront une des
grandes felicitez de l'autre vie, parce
qu'elles feront meſlées de la joüiſſance
de Dieu-meſme, & des douceurs ineffables de ſes divins embraſſemens ! Que
peut-il y avoir de délicieux aux ſens,
qui mérite d'entrer en comparaiſon
avec ces plaiſirs ? Si une amitié ſincere,
honneſte, fidele, innocente fait ſouvent
toute la douceur de cette vie, quel
fruit tirera-t-on de ces amitiez d'eſprit
qui ſe pratiqueront dans le Ciel, accompagnées de toutes ces circonſtances ?
Et ſi un ami ſeur & fidelle peut faire
icy bas un autre homme heureux, quel
ſera le bonheur de la vie éternelle, où
tous les Bienheureux ſeront de verita-

bles amis ? Mais aussi quelle pureté demande pour un commerce si divin un
lieu si saint, car la sainteté en est un des
plus grands ornemens ? Ainsi rien de
souïllé ni d'impur n'y aura d'accés, &
l'ombre seule du peché en sera bannie
par l'expiation de toutes les flammes
du Purgatoire : tant sera grande la pureté d'un lieu si sacré & si inviolable.
Il n'y aura que ceux qui sont écrits
dans le livre de vie de l'Agneau qui y
ayent entrée, comme dit l'Apostre : &
ce ne seront que les humbles & les pa-
cifiques qui meriteront d'estre les habi-
tans de ce Royaume de paix. Heureux
les sujets d'un Estat si calme & si tranquille, où l'on joüira d'un repos éternel ! Et quelle gloire pour le Prédestiné de se trouver au milieu de ces va-
ses d'honneur que Dieu formera de sa
main , pour servir à l'ornement de
ce palais admirable où il fera éternellement sa demeure ! puis qu'au sentiment de Saint Augustin, chaque Prédestiné ressentira toute la joye d'un autre Prédestiné , & qu'il aura autant de

Non intrabit in eam civitatem aliquod coinquinatum, aut abominationem faciens: nisi qui scripti sunt in libro Agni. Apoc. cap. 21.

Unusquisque gaudebit de beatitudine alterius, quantum de suo ineffabili gaudio, & quot socios habebit, tot compagnons de cette joye, qu'il en a de sa beatitude.

Mais outre cette paix générale qui unira éternellement les cœurs des Bienheureux : il y aura encore une paix particuliere d'un chacun avec luy-mesme, par le moyen de laquelle il se possedera, en devenant maistre de luy, & de tous les mouvemens de son ame. Ce sera une paix du corps & de l'esprit, des facultez de l'un, & des puissances de l'autre ; une paix du cœur, de ses desirs, de ses esperances, & de tous ses sentimens : & cette paix entre le corps & l'esprit comblera les sens d'une satisfaction universelle en toutes choses. Ainsi il n'y aura plus de déréglement dans la volonté, plus de résistance dans l'appetit, plus d'inquietude dans l'imagination, plus de trouble dans l'entendement, plus de desordre dans le sens exterieur. Car le peché, qui est la source de tous ces defauts, ne sera plus. Tout sera nouveau dans ce royaume de gloire, & d'une nouveauté qui en perfectionnera le prix.

gaudia habebit.
Aug. de spir. &
anima.

Ecce nova facio omnia.
Apoc. cap. 21.

CHAPITRE X.

Quelle sera la joye des Bienheureux.

IL n'y a point de vraye beatitude sans joye, comme l'enseigne dans sa Morale le Philosophe. Car la joye est *Arist. in Ethic.* une satisfaction de l'esprit, qui se répand sur le corps & sur tous les sens, par la possession de ce qu'on aime : c'est un amour qui joüit de ce qu'il a desiré, ainsi que Saint Augustin l'explique : *Et c'est en cela que consiste la vie bien-heureuse, de se réjoüir en vous, Seigneur, par vôus-mesme, & pour l'amour de vous.* Mais comme toutes les joyes de *Hæc est beata vita gaudere ad te, de te, propter te. Confess. lib. 10. cap. 22.* la terre n'ont ni rapport ni proportion à celle des Bienheureux, qui est entierement complete, parce qu'elle renferme en elle-mesme toutes les autres joyes : on peut dire qu'il n'y aura de joye pure que dans le Ciel, & qu'on ne sera parfaitement content que là : où l'on trouvera l'accomplissement de toutes ses esperances, & le rassasiement universel de tous ses desirs : une joye enfin accomplie dans toutes ses circonstances, par l'éloignement de toute sorte de mal, & par la joüissance de toute sorte de bien. Le Fils de Dieu en parle de la sorte à ses Disciples : *Afin que voſtre joye soit pleine.*

Mais au reste, cette plenitude de joye, qui sera la mesme que celle dont joüit Dieu, n'aura rien de commun avec ces plaisirs terrestres, où les sens sont si meslez. Ce sera une joye, comme l'explique Saint Augustin, au dessus de toutes les satisfactions sensuelles, qui ne consistera que dans le plaisir tout pur de l'esprit, une joye propre à satisfaire tous les desirs d'une ame pleinement contente. Et tous ces vains plaisirs que nous cherchons si avidement dans l'égarement de noſtre cœur, & au travers des ténebres de noſtre esprit, ne sont que des ombres & des fantosmes de plaisirs, où l'erreur de la sensualité a plus de part que la verité. Les plaisirs de cette vie n'ont rien de tranquille : on y veut de l'agitation pour les rendre plus vifs, parce qu'ils ne font pas purs : cette tranquillité dans la joye n'eſt que pour l'eſprit. Ne comptons donc point les ſens en ce qui regarde la beatitude, ni tout cét exterieur de nous-meſmes, qui eſt en quelque façon hors de nous : ou ſi nous y comptons, re-gardons cette joye comme une ſura-bondance de ſatisfaction qui doit ſe ré-pandre au dehors, comme un rejalliſ-ſement de volupté, qui regorgera ſur noſtre corps, lequel doit avoir part à la gloire, aprés l'avoir eûë à la pei-ne & à la ſouffrance. C'eſt dans cet-te plenitude de joye que noſtre eſprit trouvera tout ce qu'il peut & ce qu'il doit deſirer. Mais rien n'eſt capable, ce me ſemble, de donner une plus haute idée de la grandeur & de la pureté de de cette joye qu'on gouſtera dans le Ciel, que la figure des nopces de l'A-gneau, ſous laquelle Saint Jean nous la repreſente dans l'Apocalypſe, qui eſt l'image la plus parfaite d'une joye com-plete. Car quelle idée plus agréable qu'un Epoux, qu'un banquet nuptial ?

Apoc. cap. 19.

Et que peut-on se figurer de plus délicieux que cét amour mutuel, qui est le
lien d'un saint & d'un heureux mariage, & celuy de tous les estats qui
marque un plus seur & un plus solide
établissement ?

Tout enfin conspirera à la consommation de cette joye, qui sera souverainement parfaite par son propre fonds,
devant estre la mesme que celle de
Dieu, comme l'enseigne l'Evangile, &
par toutes ses circonstances. Premiere-
ment du lieu, qui sera inaccessible à la
douleur & à la tristesse. Secondement,
par l'estat où se sentira le Prédestiné,
qui ne sera susceptible d'aucune impression capable de blesser ni le corps ni
l'esprit. Troisiémement, par la compagnie des Bienheureux, qui seront
tous satisfaits, & tous disposez à contribuer mutuellement à leur satisfaction.
Quatriémement, par l'asseûrance que
cette satisfaction ne finira jamais. Cin-
quiémement, par la tranquillité parfaite d'une ame contente, parce qu'elle
est unie à un corps glorieux. Sixiéme-
ment,

ment, par la joüiſſance d'une beatitude
qui doit eſtre l'aſſemblage de tous les
biens. Septiémement, par la vertu de
l'operation interieure du Saint Eſprit,
qui eſt la joye & la conſolation eſſen-
tielle, & qui répandra dans les cœurs
toute la douceur de ſes faveurs les
plus ſecretes. Ces nuages auſſi auſquels
ſont ſujets nos plus beaux jours ſur la
terre, ne paroiſtront plus dans le Ciel :
& le Prédeſtiné, incapable qu'il ſera
des ſatisfactions vaines & frivoles de
cette vie, ne reſſentira que les douceurs
les plus pures de l'autre. Une ſanté toûjours égale regnera dans ſon corps par
une integrité parfaite de ſes ſens, &
une paix inalterable ſe répandra dans ſon
ame. Il n'aura un cœur que pour aimer
Dieu, un eſprit que pour l'admirer, une
bouche que pour chanter éternellement
ſes loüanges. Son ame ſera éclairée d'une
pureté de lumiere, d'un fonds de connoiſſance, d'une ſublimité d'intelligence, d'une facilité de comprehenſion, qui
n'ont rien de ſemblable en cette vie,
où nous traiſnons des corps ſujets à

P

Status omnium
bonorum ag-
gregatione per-
fectus. Boet.

Omnia bona
in uno bono.
Amb. epiſt. 11.
lib. 3.

toutes les miseres de la fragilité & de
l'ignorance humaine, qui sont presque
infinies. Mais tout ce que j'en dis, &
ce que j'en puis dire ne sera rien au
prix de ce que c'en est. On ne peut jamais bien exprimer ce qu'on sent, ni
ce qu'on pense au gré de l'amour, quand
il est parvenu au comble de l'admiration. Et si les trois Disciples qui accom-
pagnerent le Sauveur sur le Thabor furent tellement transportez de joye au
seul rayon de gloire qui leur parut, que
l'Ecriture les represente entierement hors
d'eux-mesmes : taisons-nous sur un sujet
si ineffable , ou expliquons - nous par
nostre silence, qui en dira plus que toutes nos paroles & toutes nos expressions.
Au reste , si nous sommes raisonnables,
ne déliberons plus sur l'asseûrance d'u-
ne joye si pure , si certaine , & qui ne
doit point finir ; soupirons aprés les
veritables plaisirs, & ne pensons plus
qu'à attacher nos cœurs au Ciel , selon
le conseil que nous en donne la Foy,
où est la source de cette souveraine paix
qui doit remplir l'ame du Bienheureux

de ce qu'il y a de doux, de réel, & de solide dans la joye : car aprés avoir connu les douceurs dont elle est remplie, on n'en veut plus connoistre d'autres.

Voyons maintenant quelle sera l'occupation des Bienheureux dans la joüissance d'une joye si parfaite, qui aprés tout ne seroit pas accomplie, si elle estoit oisive, & sans action.

CHAPITRE XI.

Quelle sera l'occupation des Bienheureux.

IL est difficile de dire bien précisément de quoy s'occuperont éternellement les Prédestinez dans le comble de cette gloire dont ils joüiront. A parler selon nos idées, le moyen de loüer & de benir Dieu toûjours, & de faire éternellement la mesme chose sans s'ennuyer? C'est ainsi que nous pensons quand nous raisonnons selon la petitesse de nos lumieres : & c'est raisonner en homme que de croire que cela puisse arriver. Car il y a une si grande distinction à faire des biens de cette vie, qui ont toûjours quelque chose de défectueux par où ils déplaisent, d'avec les biens de l'autre vie, qui n'ont aucun defaut, qu'il n'est que trop ordinaire que dans les biens de la terre on ne trouve souvent de grands vuides, qui donnent du dégoust : & qu'en ce que nous possedons, il y a une infinité d'autres biens que nous ne possedons pas, qui piquent nostre cupidité, toûjours vive sur ce qui l'occupe, autant que sur ce qui ne l'occupe pas. Au lieu que nous ne possedons les biens du Ciel que dans une parfaite plenitude de tout bien, qui ne laisse rien à desirer à l'esprit, & le satisfait toûjours : parce qu'il possede tout, en possedant Dieu. Et c'est ainsi qu'il faut entendre Saint Paul, pour comprendre que le Prédestiné trouvera en Dieu chaque chose dans sa plenitude, & d'une plenitude qui ne sera que de Dieu ; *Afin*, dit l'Apostre, *qu'il soit tout en tous*. Ainsi *ce sera de Dieu mesme que nous serons remplis*, dit Saint Bernard, *sans qu'il y ait de vuide* ; &

ainsi *nous serons toûjours rassasiez, sans avoir jamais de degoust,* comme l'asseûre Saint Augustin.

Saint Thomas rapporte une autre raison, que l'esprit n'est pas capable d'ennuy pendant qu'il est dans l'admiration : car l'admiration luy donne toûjours un plaisir nouveau, en piquant son attention à considerer ce qu'il admire, & en excitant sa curiosité. C'est la raison qu'il apporte de ce que l'ennuy sera banni du Ciel, parce que les Bienheureux seront toûjours dans l'admiration : parce que ne comprenant pas tout ce qu'ils voyent dans Dieu, ils chercheront toûjours à s'en instruire, pour le comprendre. Et si Dieu, tout immense qu'il est, s'occupe de ce qu'il voit en luy, sans se lasser de luy-mesme : nous lasserons-nous de luy, nous autres, avec des esprits aussi bornez, & aussi aisez à remplir, que sont les nostres ?

Mais voyons quel doit estre le détail de l'occupation éternelle des Bienheureux dans le Ciel. Ce sera à mettre tout

Semper satiati, & nunquam satiati. Aug.

Omnia admirabilia, delectabilia. S. Thomas.

leur efprit à connoiftre & à comprendre Dieu, tout leur plaifir à l'aimer,
toute leur gloire à luy obéïr : ce fera à
ne penfer qu'à luy, à ne foupirer que par
luy, à le combler de benedictions, qui
feront toûjours nouvelles, parce qu'il
leur fera toûjours de nouvelles graces.
Le faint exercice ! l'agréable occupation ! *Heureux ceux qui habitent dans*
voftre palais, Seigneur, ils vous loüe-
ront dans tous les fiecles des fiecles,
dit le Prophete : car pénetrez qu'ils feront de la grandeur infinie de Dieu,
& de fa fouveraine majefté, ils ne feront occupez que de ce grand objet.
Leur bouche qui fera éternellement fer-
mée aux loüanges des hommes, fera
éternellement ouverte aux loüanges de
de ce grand Dieu : ce fera un éloge de
fes mifericordes qui ne finira point, &
une action de graces qui ne fera jamais
interrompuë. Les Prédeftinez touchez
des faveurs infinies qu'ils ont receuës du
Seigneur, & de celles qu'ils reçoivent
fans ceffe, fenfibles à tant de bontez
dont il prendra plaifir de les combler,

s'occuperont à faire éclater leur recon-
noissance par toutes les démonstrations
de gratitude dont ils seront capables,
& par un hommage continuel des
respects qu'ils luy rendront. *Beni soit*
Dieu Pere de nostre Seigneur Jesus-
Christ, diront-ils avec l'Apostre, *qui*
par la grandeur de ses misericordes nous
a régenerez, par la résurrection de son
Fils d'entre les morts, pour r'animer nos
esperances, & nous faire arriver à cét
heritage, où rien ne peut se détruire, ni
se corrompre. Il se fera comme un flux
& reflux de graces de la part du Créateur, & de remercimens de la part
de la créature.

Ainsi remplis qu'ils seront de Dieu,
ils ne penseront qu'à luy, n'admire-
ront que luy, n'adoreront que luy. Il
occupera tous leurs desirs, toutes leurs
pensées, tous leurs entretiens, toutes
leurs réflexions. On ne parlera dans le
Ciel que de Dieu, de la conduite admirable de sa Providence, des ressorts
incomprehensibles de ses desseins, de la
profondeur impenetrable de ses conseils,

Benedictus Deus & Pater Domini nostri Jesu Christi, qui secundùm misericordiam suam magnam regeneravit nos in spem vivam per resurrectionem Jesu Christi ex mortuis, in hæreditatem, &c. *1. Pet. cap. 1.*

où l'on verra reluire ce qu'il y a de plus divin dans sa sagesse, accompagnée toûjours d'une souveraine bonté. On ne s'entretiendra que de la grandeur de son Royaume, de l'excellence de ses perfections, de la continuation de ses misericordes, du prix de ses attributs, de tous ces grands interests qui regardent la majesté de sa gloire, & de la magnificence infinie de son regne, comme le Prophete nous le déclare. *Oüi, Seigneur, les Bienheureux publieront toûjours la grandeur de vostre puissance & de vostre gloire ; ils raconteront vos merveilles ; ils rediront la terreur de vos prodiges ; ils feront connoistre à tous vostre pouvoir. Ils honoreront avec effusion de cœur la memoire de vostre souveraine bonté, & ils tressailliront de joye dans le souvenir de vostre justice. Le Seigneur, diront-ils, est bon & misericordieux ; il est patient & riche en clemence ; il est doux envers tous, & ses misericordes sont au dessus de toutes ses œuvres. Seigneur, que tous vos ouvrages donc vous loüent, que vos Saints vous benissent, qu'ils publient*

blient

blient la gloire de voſtre regne & la magnificence de voſtre Royaume, parce que
voſtre empire eſt l'empire de tous les
ſiecles !

Voilà quelle ſera une partie de l'occupation des Prédeſtinez , dont le ſeul
détail eſt tellement au deſſus de tous
les diſcours, qu'ils ne pourront l'expliquer ni le comprendre eux-meſmes. Et
quoy-que la ſouveraine perfection ſoit
au deſſus des loüanges, comme l'enſeigne le Philoſophe en ſa Morale : celles
toutefois que les Bienheureux donneront à Dieu ſeront accompagnées de
ſentimens d'amour & de reconnoiſſance
ſi tendres, qu'elles luy ſeront toûjours
agréables.

Ce ſera le cœur qui en expliquera
toute l'affection & toute l'ardeur dont il
ſera capable, que le Saint Eſprit formera
luy-meſme par ſes operations divines,
& qu'il remplira de la ſainteté de ſon
onction. C'eſt auſſi l'idée qu'en donne
Saint Auguſtin, quand il dit *que ces
loüanges ſeront une eſpece de regorgement
de l'amour de Dieu , & de la douceur*

magnificentiæ
regni tui. Re-
gnum tuum re-
gnum omnium
ſæculorum.
Pſal. 144.

Laus Domini
eructatio ſua-
vitatis illius.
Aug. in Pſal.
110.

Q

qu'il y aura à joüir de sa bonté dans toute sa plenitude. Car on sera plein de luy, de ses faveurs, de ses bienfaits, de sa gloire, & on ne pourra se taire sur de si grands sujets de parler. Ainsi ce raslasiement ne finissant point, parce qu'on ne cessera point d'aimer Dieu : les loüanges qu'on luy donnera n'auront aussi point de fin. Et ce sera dans ce repos éternel du corps & de l'esprit, que pénetrez de Dieu & de son amour, *nous l'aimerons toûjours, en le voyant toûjours, & en l'aimant nous le loüerons : ce qui à la fin de tous les siecles n'aura point de fin,* comme Saint Augustin l'asseûre. Voilà l'occupation la plus ordinaire de ceux qui ne seront occupez que de Dieu : le seul ouvrage de ces Bienheureux, qui joüiront d'un éternel loisir, l'action de leur repos, & l'unique soin de ceux qui seront exempts de tous soins. Ce sera un continuel sacrifice de loüanges : on ne cessera point de benir le Seigneur, parce qu'on ne pourra cesser de l'aimer : & ces loüanges ne seront qu'un épanchement con-

Videbimus, amabimus, laudabimus, hoc erit in fine, sine fine.
Lib. de Civit. Dei ult. cap. ult.

Hoc erit otiosorum illorum negotium : hoc opus vacantium, hæc actio quietorum, hæc cura securorum. *Aug. in Psal. 110.*

Si deficias ab amore, deficies à laude......
Noli timere, ne non possis semper laudare,

tinuel de cœur, & une continuation des admirations & du ravissement des Prédestinez. Mais le principal sujet des loûanges qu'on luy donnera seront les misericordes qu'il a faites, & qu'il fait sans cesse à ses Elûs. C'estoit aussi sur quoy le Prophete ne finissoit point, & qu'il disoit sans cesse : *Je chanteray éternellement les misericordes du Seigneur*, ces misericordes qui font au dessus de tous ses autres ouvrages.

Et ce sera une autre sorte d'occupation, pas moins agreable que la premiere, chacun y estant particulierement interessé. Car quel plaisir au Fidele de reconnoistre par quel secours il aura perseveré, & par quel esprit il se sera soustenu ? Ce sera dans cette consideration, & à la veûë de la gloire où son esperance l'aura élevé, qu'il s'attachera à contempler dans une paix profonde la suite des graces dont Dieu l'a comblé : & il sera d'autant plus sensible aux misericordes de Dieu, qu'il les ressentira dans un temps où les réprou-

Q ij

quem semper poteris amare. Aug. in Psal. 81.

Misericordias Domini in æternum cantabo. *Psal. 78.* Miserationes ejus super omnia opera ejus. *Psal. 144.*

vez experimenteront ce qu'il y a de plus terrible & de plus redoutable dans fa juftice. Et cette confideration excitera dans fon ame de nouveaux tranfports d'admiration, qui luy feront redoubler les bénedictions qu'il donnera à fon divin bienfacteur, dans la veûë des merveilles les plus furprenantes de fa grace.

Quelles délices ne gouftera-t-il point, quand il commencera à découvrir toutes ces grandes veritez de noftre fainte Religion, qu'il n'avoit peut-eftre jamais bien connuës, & à approfondir ces Myfteres fi relevez dont elle eft remplie? Avec quels fentimens de joye n'admirera-t-il point cette verité éternelle, en l'adorant dans fa fource, & en s'inftruifant du détail de cette fuprême fageffe, dont il verra les refforts les plus fecrets à découvert, aprés avoir efté fi long-temps cachez fous le voile myfterieux de la Providence? Quel plaifir pour luy de fe détromper de ces erreurs qu'il avoit veû regner fur la terre, que ce n'eftoit que l'intereft ou le ha-

zard qui gouvernoient le monde ? Que
de treſors enfin à découvrir pour luy
dans cette ſource inépuiſable de toutes
les lumieres, quand il ſondera les abiſ-
mes les plus profonds des jugemens de
Dieu ſur la deſtinée des hommes ? D'où
vient cette prodigieuſe difference qui
ſe trouve dans leur naiſſance : pourquoy
l'un naiſt ſouverain, l'autre eſclave ; l'un
plein d'eſprit, l'autre ſtupide ; l'un ſain
& robuſte, l'autre foible & infirme.
Conduite que Salomon avec toutes les
lumieres qu'il avoit receûës d'enhaut
ne pouvoit comprendre.

Le voile alors ſera levé, & les pecheurs déclareront à la face du Ciel &
de la terre, que ceux qu'ils accuſoient
de folie eſtoient les vrais ſages : & qu'ils
n'eſtoient eux-meſmes que des inſenſez,
lors qu'ils ſe croyoient les ſeuls prudens
dans le monde. Mais rien ne touchera
davantage le cœur du Bienheureux, ni
le rendra plus attentif à la conſideration
des bontez de Dieu, que la manifeſtation qui ſe fera au Ciel du Myſtere in-
comprehenſible de la Prédeſtination,

Nos inſenſati vitam illorum æſtimabamus inſaniam, & fi-nem illorum ſi-ne honore : ec-ce quomodo compurati ſunt inter filios Dei. Sap. cap. 5.

Q iij

qui se dévelopera dans le détail de toutes ses circonstances. Quel sujet de consolation pour luy, quand il verra l'ouvrage admirable de son salut commencé & achevé par cette douceur & cette force de la sagesse divine, à quoy
rien ne peut résister, dont Salomon ne
parle qu'avec étonnement ? Car c'est par
les secrets ressorts d'une conduite si divine, que ce Pere des misericordes mene infailliblement les Elûs au point de
grace & de gloire qu'il leur destine,
sans faire de violence à leur liberté.

Mais aussi quel sujet d'admiration &
d'étonnement au Prédestiné, de voir
dans les ordres éternels de son salut, &
dans l'enchaisnement merveilleux des
moyens dont Dieu s'est servi pour l'at-
tirer à luy, de voir, dis-je, jusques à ses
propres defauts & à ses pechez mis en
œuvre pour sa sanctification ! Et quand
il reconnoistra que cette souveraine sagesse de Dieu aura tiré de ses égaremens les moyens de le faire revenir dans
la voye de la vertu ; que ce sera par l'o-
rage qu'il l'aura mené au port ; & qu'il

se sera servi de la blesseure mesme du peché pour sa guerison, comme il s'est servi de l'adultere de David de quoy faire un si grand Saint : lequel se confondant par la comparaison de ses ingratitudes avec les misericordes de Dieu, devint le modele d'une pénitence achevée ! Quelle satisfaction à Joseph de connoistre dans l'ordre de cette divine sagesse, que ce n'est que par la haine de ses freres, par sa prison, & par ses disgraces qu'il est parvenu à cette élevation de fortune, qui l'avoit fait si grand ! Il verra pour lors jusqu'à quel point d'abbaissement il avoit fallu creuser les fondemens de la grandeur ou Dieu l'avoit élevé pour en faire un bastiment solide : il connoistra combien il estoit necessaire que sa vertu fust éprouvée par la longueur d'une patience invincible, & que son humiliation fust assez profonde pour soustenir tout le poids de la gloire, que le Ciel luy destinoit.

C'est en cette grande scene des merveilles de la conduite de Dieu, & en la profondeur la plus incomprehensible de ſes deſſeins, que le Chef des Apoſtres reconnoiſtra dans les veûës de Dieu ſur ſa deſtinée, comment ſon peché a eſté peut-eſtre le principe de ſon agrandiſſement, que ſa primauté en l'Egliſe n'eſt qu'un effet de ſon humiliation, & qu'il n'auroit point eſté le premier des Apoſtres, s'il n'euſt ouvert les yeux pour ſe regarder luy - meſme comme le dernier des pecheurs. C'eſt - là que la Magdelaine trouvera dans le deſordre de ſa vie la ſource des graces, dont elle fut comblée, & qu'elle ne devint innocente aux yeux de Dieu, que parce qu'elle parut pechereſſe à ſes propres yeux. Quelle joye au Bienheureux d'entrer dans tout le détail de cét ordre ſuprême des conſeils éternels, pour y voir la ſuite du grand ouvrage de ſa prédeſtination, & pour découvrir la ſource de ſon bonheur dans ſa propre miſere ! Quel plaiſir, & quel ſujet d'admiration de ſe voir élevé dans les deſſeins de ſon Souverain par ſes propres imperfections, & par ſes diſgraces ! Imperfections deſirables & ſalutaires à l'homme,

dont

dont Dieu s'est servi pour en faire le fondement de la beatitude qu'il luy destine.

Ce sera parmi les lumieres de ces brillantes clartez de l'éternité, que le Prédestiné entrera en quelque maniere dans le sanctuaire le plus secret de la divine Sagesse, pour y admirer l'enchaisnement des graces dont la bonté de Dieu l'a prévenu, & pour y découvrir les ressorts admirables de sa conduite sur son salut. Cette admiration jointe aux loûanges & aux bénedictions continuelles qu'on donnera à ce Dieu de misericordes en actions de graces de tant de faveurs, sera une des plus grandes occupations des Bienheureux. On le regardera, dit Saint Chrysostome, comme un excellent ouvrier, qui sçait combien, & de quelle maniere il doit tenir l'or dans la fournaise pour luy donner le degré d'éclat & de pureté qu'il faut, pour en faire le vase d'honneur qu'il prépare : ou comme un sage Architecte, qui dans le dessein *Chrysost. in Gen.* d'un superbe bastiment qu'il médite, *hom. 62.*

connoiſt luy ſeul la profondeur qu'il doit donner aux fondemens de l'édifice pour en ſouſtenir l'élevation. De quelles loüanges, ou pluſtoſt de quelles admirations ce divin Sauveur ne paroiſtra-t-il point digne à ſes Elûs, qui trouveront ſa conduite adorable juſques dans les moindres circonſtances de leur ſalut, lors que le myſtere s'en développera : où tout leur paroiſtra merveilleux dans les mouvemens des reſſorts les plus ſecrets de cette importante affaire, en laquelle tout eſt de conſéquence par ce qu'elle a de relation avec l'éternité. Car il ne ſe fait rien en cette vie que pour l'autre. Tout ce qui ſe paſſe dans le temps ſur la terre a rapport à ce qui ſe doit paſſer éternellement dans le Ciel. Voilà quel eſt l'ordre ſuprême des deſſeins de Dieu dans l'élection qu'il fait des Prédeſtinez ; & c'eſt ainſi que cette vie temporelle a des dépendances & des liaiſons ſi étroites avec la vie éternelle, que l'une n'eſt eſſentiellement que pour l'autre. Ce ſont-là les merveilles de la

Omnia propter electos, ut & ipſi ſalutem conſequantur. Tim. 2. cap. 2.

souveraine sagesse de Dieu, lequel sçait rendre les disgraces qui arrivent aux Saints, les plus grands effets de ses misericordes, en les conduisant par les écueïls & par les tempestes dans le lieu de leur repos.

Enfin les Bienheureux seront tellement occupez de la connoissance de ces Mysteres, qu'ils ne regarderont plus la science des choses naturelles, que comme tout-à-fait indigne d'eux : ils seront tellement remplis & possedez des misericordieuses bontez de Dieu, qu'ils n'auront que de l'indifference pour tout ce qui n'est pas Dieu : ils ne penseront qu'à s'anéantir devant luy, afin de se remplir encore davantage l'esprit des grandes idées de la bonté de ce divin Maistre, pour ne joüir que de luy, & pour le benir éternellement de ce qu'il les fait ce qu'ils sont. Que s'il restoit encore à l'homme dans le Ciel quelque reste de ces aviditez de sçavoir qu'il avoit sur la terre, par ces sortes de meditations des choses naturelles qui ont occupé tant de grands personnages, ou par l'estude des beautez invisibles du Créateur peintes dans les beautez visibles des créatures, pour en faire un sujet de leur curiosité : il trouveroit de quoy satisfaire pleinement ce desir par la seule veüë de ce grand livre de tous les temps, le Verbe Eternel, qui est par son caractere la verité primitive de toutes choses, & qui pourroit l'instruire de tout, parce que le Pere a renfermé dans ce glorieux Fils les richesses & les tresors de sa science. C'est dans ce livre que les Bienheureux verroient une suite non seulement de ce qui s'est passé dans tous les siecles, mais mesme de ce qui pouvoit s'y passer, & une espece d'histoire muette de tout l'avenir possible, si cela estoit capable de contribuër à leur plaisir : car *que ne verront point ceux*, dit Saint Grégoire, *lesquels verront celuy qui voit tout ?*

Je pourrois ajoufter au détail de ces differentes occupations qu'auront dans le Ciel les Bienheureux, ce concert celeste des Anges, qui chanteront à leur

Quid non videbunt, qui videntem omnia videbunt ? Greg.

maniere avec eux les loûanges de ce Dieu souverain qui fera leur beatitude. Et ce concert de loûanges se fera, ou comme celuy des Astres du matin, dont Dieu dit luy-mesme dans Job qu'ils le loûoient en faisant sa volonté, & en luy obéissant : ou comme le Soleil, la Lune, les Cieux, les animaux, les dragons mesmes, & toutes les créatures loûënt sans cesse le Créateur selon le langage du Prophete, ainsi que l'explique plus au long Saint Augustin dans ses Confessions : ou bien comme les trois enfans de la fournaise, qui du milieu des flammes, où l'on les avoit jettez, imploroient le secours de toutes les créatures, pour entrer dans la societé des éloges & des bénedictions qu'ils donnoient à leur souverain Maistre. Et c'est ainsi que les Anges & les hommes feront dans l'éternité cette divine harmonie de loûanges de leur adorable Seigneur qui ne finira jamais. De sorte que tout esprit dans le Ciel & dans la terre le benira, selon le souhait du Prophete.

Ce qui sera une des principales occu-

R iij

Cùm me laudarent simul astra matutina. Job. cap. 38.

Sol, luna, cœli cœlorum, dracones, abyssi laudent nomen Domini. Psal. 148.

August. Conf. lib. 7. cap. 13.

Omnis spiritus laudet Dominum. Psal. 150.

pations des Prédestinez. Il y en aura une infinité d'autres au deſſus de toutes nos penſées, dont on ne peut bien s'expliquer qu'en ſe taiſant, pour les faire mieux comprendre, leſquelles ſeront toutes animées d'un ardent amour de Dieu, d'une continuelle méditation de ſes bontez & de ſes miſericordes, & d'un attachement fidele à l'exécution de toutes ſes volontez. Mais aprés tout Dieu occupé de luy-meſme & de la connoiſſance de ſon Verbe pendant l'éternité; le Pere & le Fils occupez de leur amour mutuel par la proceſſion du Saint Eſprit; la gloire enfin de cette divine Trinité de Perſonnes, & l'éloge perpetuel qu'ils en feront, ſera un des emplois des plus ordinaires & des plus agréables des Bienheureux, qui ne ceſſeront éternellement d'adorer dans un profond ſilence les ineffables perfections de la Sainte Trinité, ſans perdre jamais de veûë un objet ſi digne de leurs reſpects & de leurs loûanges, & de redire ſans ceſſe, *Gloire au Pere de ſa Puiſſance, gloire au Fils de ſa Sageſſe, gloire au*

Saint Esprit de sa Bonté. Voilà ce qui
inspiroit tant de zele aux Apostres pour
la conversion des ames, & qui donnoit
au grand Saint Xavier, & à tous les
hommes Apostoliques des desirs si in-
satiables du salut de leur prochain. Ils
regardoient chaque Prédestiné comme
un Panegyriste éternel de Jesus-Christ
qui le benira dans tous les siecles : &
ils s'efforçoient de remettre dans les
tresors de Dieu la dragme de l'Evangile qui s'estoit perduë, pour combler
de joye toute la Cour celeste, qui se
réjoüit à la conversion du pecheur.
Approfondissons encore plus un sujet si
digne d'estre approfondi , & voyons
dans les circonstances, dont cette récompense que Dieu promet à ses Elûs, est
accompagnée, quelle est la grandeur de
son prix , que je trouve dans les quatre
articles suivans capables tous les uns
plus que les autres de le bien faire concevoir. Le premier est la verité de cette récompense ; le second, son éternité ;
le troisiéme, son incomprehensibilité ;
le quatriéme & le plus grand de tous ,

eſt que la gloire que Dieu deſtine à ſon Fils, ſera la meſme que celle qu'il prépare à tous les Prédeſtinez.

CHAPITRE XII.

Du regne de la verité en l'autre vie, & de la grandeur de la gloire du Paradis, par ce regne.

PERSONNE n'a mieux connu la fauſſeté des biens de cette vie, que ce Sage, qui diſoit que tout y eſtoit vain & frivole. C'eſt la difference qu'il en faut faire d'avec les biens de l'autre vie, comme dit Saint Auguſtin. *Tout eſt faux,* diſoit-il, *ſur la terre, & tout eſt vray dans le Ciel.* C'eſt l'ombre que la vie preſente: la verité n'eſt que pour l'autre vie, où tout eſt réel & ſolide. C'eſt le ſentiment d'un Pere des derniers ſiecles, que la verité eſtoit du Ciel, & point de la terre. Et Saint Auguſtin avoûë qu'un de ſes principaux égaremens eſtoit de chercher la verité dans les créatures, qui ne peut ſe trouver que

Vanitas vanitatum, & omnia vanitas. Ecclef. cap. 1.

Ludolphus Saxo in vita Chriſti.

Peccabam, quòd non in Deo, ſed in creaturis ejus

que dans le Créateur. C'est aussi l'idée que Saint Paul en donnoit aux premiers Chrestiens, quand il leur disoit : *Que nous ne voyons maintenant que comme dans un miroir, & dans des énigmes ; mais qu'alors nous verrons Dieu à découvert face à face. Je ne connois presentement Dieu qu'imparfaitement : mais alors je le connoistray comme je suis moy-mesme connu de luy.* C'est-à-dire, que nous le verrons en luy-mesme sans nuage & sans voile, ce Dieu veritable par son essence, qui est la verité souveraine, ce bien suprême & réel, la source éternelle de tous les biens, comme Saint Augustin l'appelle. Et autant que ce qui est essentiellement vray est préferable à ce qui est essentiellement faux, autant les biens du Ciel sont-ils préferables aux biens de la terre. Quelle satisfaction à l'homme, quand desabusé qu'il sera de ce vain éclat, dont l'apparence specieuse des biens visibles luy avoit rempli l'esprit, & que delivré des trompeuses impressions d'icy bas, il reconnoistra enfin la fausseté des

veritatem quærebam
Confess. lib. 1. cap. 20.

Falsitas erat, quod de te cogitabam, non veritas, & figmenta meæ miseriæ, non firmamenta certitudinis tuæ.
Confess. lib. 4. cap. 16.

Videmus nunc per speculum in ænigmate, tunc autem facie ad faciem. Nunc cognosco ex parte, tunc autem cognoscam, sicut cognitus sum.
1. Cor. cap. 13.

Ipse solus totum verum, & summum & infinitum bonum.
Confess. lib. 7. cap. 5.

choses paffageres, il s'attachera à contempler cette éternelle verité qui fera tout fon bonheur ! Car tout bien confideré, rien ne merite d'eftre aimé avec tant d'ardeur, ni ne rend fi heureux ceux qui l'aiment, que cette verité qui eft plus belle que tout ce qu'il y a de beau & d'éclatant dans le monde : & il n'y a aprés tout que la joüiffance de la verité capable de donner une efperance folide, & une joye pure à une ame tout-à-fait Chreftienne.

Mais outre que la vie miferable que nous menons n'eft remplie que de ténebres & d'illufions: noftre ignorance & noftre orgueïl nous trompent prefque en tout, nous faifant prendre l'apparence dans la plufpart des chofes qui fe prefentent à nous pour la verité. C'eft l'eftat pitoyable que déplore Saint Auguftin, en décrivant la mifere de l'homme, qui fe plaift à eftre trompé, & qui n'a de complaifance que pour l'erreur. Et ce qui eft encore plus digne de compaffion, c'eft que pour déguifer mieux ce miferable eftat, on luy donne de beaux noms : *On appelle*, dit - il, *des délices ce qui n'est que misere.* Enfin la condition de cette malheureuse vie est si déplorable par la corruption du cœur, & par l'égarement de l'esprit de l'homme, qu'on ne peut presque y montrer le moindre rayon de la verité, qu'on ne le déguise, pour y faire mieux gouster le mensonge.

Ce ne peut estre que vous, Verbe Incarné, qui estes la Verité éternelle, & qui l'avez apporté du Ciel, qui puissiez nous découvrir l'extrême fausseté des biens de la terre au grand jour de l'éternité. Et alors, quand la gloire aura dégagé nostre esprit des nuages qui l'obscurcissent pendant cette vie, pour arrester nos yeux sur vostre divine & immuable verité : ce sera dans cette source si pure du vray, comme l'asseûre Saint Augustin, que nous trouverons de quoy nous satisfaire, en y trouvant la seule nourriture de nostre esprit, qui ne peut se repaistre de chimeres, quand une fois il a esté éclairé des rayons de la verité. Car ce ne peut estre que d'elle

S ij

qu'il doit esperer sa satisfaction & son repos : les faux plaisirs, les faux honneurs, les faux biens ne pouvant le satisfaire. Car enfin rien n'est plus fade que cette fausseté : quand une fois le voile qui la couvroit sera levé, & que le charme des illusions humaines sera rompu. Ce qui faisois dire autrefois à Saint Augustin, que ce n'est pas en cette vie où tout est faux, & qui n'est proprement qu'un fantosme de vie, qu'il faut chercher à estre heureux. La beatitude ne se rencontre point dans la region de la mort : c'est le Ciel qui est sa veritable demeure. C'est-là que nous devons élever nos desirs, où regne la verité : l'ombre est pour la terre, & la lumiere de la verité est pour le Ciel, dit Saint Ambroise. Il est vray que l'homme estant essentiellement faux, il suit son égarement dés qu'il est né, & ses paroles sont d'ordinaire frivoles & pleines d'imposture : c'est ainsi que nous le dépeint le Prophete. Ce qui l'oblige à se récrier que bienheureux est celuy à qui la va-

Beatam vitam quæritis in regione morris, non est hîc : quomodo enim beata vita, ubi nec vita ?
Aug. Confess. lib. 4. cap. 12.
Illa nobis expetenda sunt in quibus est veritas, hic est umbra & imago veritas in cælestibus.
Lib. 1. Offic. cap. 48.
Beatus vir, qui non respexit in vanitates, & insanias falsas.

nité & le mensonge n'ont point gasté l'esprit. C'est aussi ce qui allarmoit davantage Saint Augustin, comme il l'avoüé luy-mesme, & ce qui le jettoit dans une espece de desespoir de pouvoir rencontrer la verité qu'il cherchoit dans une region où elle ne se trouve pas.

Ce n'est donc qu'au Ciel qu'il faut esperer de trouver la verité, & de joüir du plaisir de l'avoir trouvée. *C'est vous qui l'avez dit, Seigneur, la misericorde sera éternellement établie dans le Ciel, où tout se prépare pour y faire regner la verité.* Le Prédestiné commencera à gouster un plaisir infini par la joüissance du précieux tresor qu'il trouvera dans la contemplation continuelle de la verité souveraine. Il n'y aura plus de nuages pour luy dans ce qui luy arrivera : & quand il sortira de cette malheureuse vie par une heureuse mort, le jour de l'éternité, ce jour qui ne sera suivi d'aucune nuit, s'ouvrira pour luy d'une maniere que les ombres & les ténebres qu'il a souffertes icy bas

Veneram in profundum, & desperabam de inventione veri.
August. Confess. lib. 6. cap. 1.

Dixisti in æternum, misericordia ædificabitur in cælis : præparabitur veritas tua in eis.
Psal. 88.

Beata vita, gaudium de veritate.
Aug. Confess. lib. 10. cap. 23.

finiront entierement, que le néant des grandeurs de la terre disparoistra , & que ce vuide des plaisirs de cette vie passagere sera rempli par tout ce qu'il y a de réel & de solide dans les plaisirs éternels. Il n'y aura plus d'images, plus de figures, plus de doute, plus d'incertitude , plus d'obscurité , plus de ténebres. Tout enfin sera dévoilé : & il n'y aura rien que de vray & de réel dans la vie qu'on menera au Ciel , où toutes les imaginations de l'esprit terrestre de l'homme , & toutes les vaines idées de la raison finiront : on ne s'arrestera qu'à la verité pour la contempler , l'adorer, s'y soumettre, & en faire tout son bonheur. Toutes les faussetez qui regnent en cette vie, & qui enveloppent nos esprits, se dissiperont, & nous verrons la verité de toutes choses dans sa source. Ce sera vous encore une fois , mon Sauveur, qui nous avez apporté en terre ce précieux don de la Verité qu'on ne connoissoit pas avant que vous fussiez venu au monde, qui nous la ferez gouster au Ciel dans toute sa ple-

nitude, & qui ferez noftre lumiere,
comme dit le Prophete, dans une vie fi
délicieufe. En quoy ce fera une des plus
grandes beatitudes du Prédeftiné : car
fon efprit laffé des courfes qu'il a fait
fur les faux objets, dont cette vie eft
environnée, fe repofera dans les veritables. C'eft auffi ce qui engageoit David
à dire, qu'il ne feroit pleinement fatis-
fait, que quand il verroit entierement à
découvert cette éternelle Verité dans
la pureté de fa gloire, fans les ombres
& fans les ténebres de cette vie.

Illuminatio mea in deliciis. Pf. 138.

Satiabor cùm apparuerit gloria tua Pfal. 16.

CHAPITRE XIII.

De la grandeur de la gloire du Paradis par fon éternité.

L'ÉTERNITÉ dont il nous refte
à parler eft l'accompliffement de
cette beatitude qui nous eft promife en
l'autre vie. Car avec l'affemblage de
tous les autres biens on ne feroit point
heureux, fi l'on pouvoit ceffer de l'eftre. Ce n'eft que par la joûiffance d'un

bien éternel qu'on peut estre pleinement satisfait : on ne l'est plus dés qu'on
est susceptible de la moindre crainte de
perdre ce bien. Vostre joye, disoit le
Fils de Dieu à ses Disciples, aura parmi ses autres avantages celuy de ne
finir jamais : personne ne pourra ni la

Gaudium ves-
trum nemo tol-
let à vobis.
Joan. cap. 16.

toubler, ni l'interrompre : *Une joye,*
enfin, *qu'on ne pourra vous oster.* Ori-
gene qui s'estoit laissé gaster l'esprit
aux visions des Platoniciens , enseignoit qu'un Bienheureux pouvoit dé-
cheoir de sa gloire : en quoy sa doctrine fut condamnée d'erreur par l'Eglise.
En effet, ce seroit estre heureux sans
l'estre, parce qu'on ne pourroit pas estre exempt des frayeurs de perdre un si
grand bien, s'il estoit sujet à des changemens, comme sont les biens de cette
vie.

Mais sans m'arrester à établir la verité de l'éternité, qui est si établie dans
nostre Religion, & dont on ne peut
douter dés qu'on a de la Foy, & un
peu de commerce dans l'Ecriture Sainte : je serois content, pour l'interest du
sujet

ſujet que je traite, & pour le deſſein
que j'ay d'affectionner les Fideles à l'a-
mour de l'autre vie, ſi je pouvois leur
faire bien comprendre quel en eſt le
prix, en leur repreſentant celuy de l'é-
ternité, où rien ne change, rien ne paſſe, rien ne ſe détruit, tout y eſtant
dans une parfaite conſiſtence, par ce
point fixe dans lequel le futur & le
paſſé ſont preſens, ou bien pluſtoſt,
comme dit Saint Auguſtin, dans lequel
il n'y a ni paſſé, ni avenir. Tout y eſt
preſent, parce que tout y eſt comme
Dieu y eſt luy-meſme dans une ſitua-
tion toûjours la meſme, ſans viciſſitude
aucune, ni ſans aucun changement.

Non eſt, fuit: non eſt, erit: non eſt ibi, ni-ſi eſt. Aug. in Pſ. 101.

C'eſt auſſi cét eſtat conſtant & invariable qui redouble le prix des biens
& des plaiſirs de l'autre vie, leſquels
eſtant infiniment agréables par la qualité
de leur eſtat & par eux-meſmes, le ſont
encore plus par l'aſſeûrance que donne
cette bienheureuſe éternité qu'ils ne finiront point. Que peut-on imaginer de
comparable pour la ſatisfaction & pour
la tranquillité de l'eſprit, qui ſera con-

tent avec une entiere certitude de l'estre toûjours. Ainsi n'attendons point de beau jour en cette vie, ni de moment heureux, que celuy qui nous ouvrira l'éternité.

Mais quel moyen à nous, dont les esprits sont si bornez, de concevoir des biens & des plaisirs qui n'ayent point de bornes ? Et comment se peut-il faire que nous comprenions un bonheur qui ne finira point, nous qui finissons à tous momens ? Il n'y a que vous, Dieu Eternel, qui compreniez l'éternité, & qui puissiez nous la faire comprendre ! Car l'expression du Prophete, pour marquer l'étenduë infinie qu'elle a, toute outrée qu'elle est dans ses termes, ne donne qu'une idée foible de ce que c'est que l'éternité, que rien n'est capable de nous representer pour en donner la moindre notion. Comptons donc tant qu'il nous plaira, parcourons la suite des jours, des années, des siecles, & de tous les millions de siecles, d'années, de jours que nostre esprit peut se former, par tout ce qu'il y a de vaste & d'immense dans ses pensées : nous n'aurons pas encore commencé à faire le premier pas, pour entrer dans l'étenduë des espaces infinis de l'éternité.

De sorte que cét assemblage de tous les biens dont le Ciel sera rempli au grand jour de la gloire, cette paix, ce repos, ces plaisirs, cette innocence de vie accompagnée de toutes les douceurs imaginables, ces honneurs, cette connoissance parfaite des grandeurs de Dieu & de la majesté de son Regne, ces délices qui ne laisseront rien à desirer au Prédestiné pour la satisfaction entiere de son cœur & de son esprit, tout cela reçoit de ce grand fonds de l'éternité quelque chose de si réel & de si solide, que non seulement on gouste avec plus de paix tous ces biens, par l'impression du caractere immuable de son estat : mais que ce n'est que par elle qu'on est tranquillement heureux de ce bonheur, dont la joüissance est inalterable. Quel sujet de joye de se voir à la source de toutes les graces au milieu de tous les plaisirs, & au comble de toutes fortes de délices, fans craindre de les perdre jamais ? Et ce n'eft que par cette certitude qu'on eft parfaitement heureux, & par ce fonds de paix que donne l'afleûrance d'une éternité. Mais auffi quel fujet de douleur au Chreftien d'employer fi mal ces momens qui ne font deftinez que pour gagner l'éternité ?

C'eft pour cela que la prudence de la Foy nous apprend que les maux de cette vie ont quelque chofe de defirable, lefquels eftant fi courts produifent des plaifirs qui dureront toûjours. Quelle confolation au Chreftien, de ce que l'éternité doit entrer dans le prix de la récompenfe que Dieu luy deftine pour la moindre de fes actions ! Mais que d'éternitez perduës tous les jours depuis le matin jufqu'au foir par fes infidelitez, aufquelles il pouvoit prétendre, s'il euft efté plus vigilant ! Et fi la récompenfe pour les plus petites chofes fera fi confiderable, que doit-on efperer des grandes ? Si une larme, un foupir, un mouvement de cœur vers Dieu peu-

Mométaneum & leve tribulationis noftræ æternum gloriæ pondus operatur in nobis.
2. Cor. cap. 4.

vent meriter une gloire qui ne finira point : quelle attention ne devrions-nous pas avoir dans le détail de noftre vie pour en ménager tous les momens, & pour rendre fructueufes toutes nos actions pour un fi grand prix, puis qu'il n'y va pas moins que d'une éterni-té, dont la moindre de nos œuvres eft la femence, comme parle Saint Ber-nard ! O éternité bienheureufe, quels fruits ne produifez-vous point par la folidité d'un fonds auffi riche, auffi fe-cond, & auffi invariable que le voftre ! Et quel avantage au Chreftien de pou-voir comprendre ce que vous valez, & d'en eftre touché ! Heureufes peines, defi-rables afflictions, aimables fouffrances, qui ferez le prix d'une fi grande gloire !

Opera noftra æternitatis fe-mina quædam funt.
Serm. ad Cler.

CHAPITRE XIV.

La grandeur du prix de la gloire prife de fon incomprehenfibilité.

SI Dieu eft fi grand dans les plus petits de fes ouvrages, quel ne fera-

T iij

t-il point dans les plus grands ? Ce qui faisoit qu'autrefois Saint Augustin se récrioit, *Que vous estes grand, mon Dieu, dans les grandes choses !* Mais il n'a jamais paru plus grand dans aucun de ses ouvrages, que dans celuy de la gloire qu'il prépare à ses Elûs. Car tout se termine à celuy-là, qui est l'accomplissement & la consommation des autres. Ainsi ce que je viens de dire par ce que l'imagination humaine m'a pû fournir d'expression pour en donner quelque idée & pour m'en expliquer, ce que les Peres & les Theologiens en ont laissé par écrit dans les amplifications qu'ils en ont tasché de faire, ce que la Foy nous en apprend, ce que la Religion nous en promet, ce que l'Escriture nous enseigne de cette gloire immortelle, tout cela n'a rien d'approchant à ce que c'en est : ceux mesme qui en ont le mieux parlé, & qui ont fait éclater ce qu'ils avoient d'éloquence dans une matiere si digne d'estre traitée, ne peuvent passer que pour des orateurs languissans & muets. C'est l'ouvrage du

suprême pouvoir de Dieu, qui doit répondre à tout l'éclat de sa majesté, &
à toute la noblesse de sa magnificence.
La perfection de ses autres ouvrages
est resserrée dans des bornes que sa sagesse a esté quelquefois obligée de s'imposer : mais la perfection de cét ou-
vrage-cy n'a point deû avoir de bornes.
Tous les tresors & toutes les richesses
de la souveraine puissance de Dieu, accompagnée & soustenuë de sa souveraine bonté, seront exposées au jour de
la gloire, avec toute la profusion que
demande la grandeur d'un Dieu pour
servir de montre à sa puissance. Et si ce
souverain Maistre du monde qui a fait
l'Univers, & toutes les differentes parties qui le composent en un moment,
comme l'ont crû quelques Saints Peres, *Possidere para-*
a commencé à travailler au plan de ce *tum vobis re-*
gnum à consti-
Royaume qui doit estre la demeure des *tutione mundi.*
Bienheureux depuis la création du mon- *Matth. cap. 25.*
de : que ne doit-on pas attendre d'une
si puissante main, & d'un esprit si fe-
cond & si agissant dans un ouvrage où
il s'occupe depuis tant de siecles ? Est-

il croyable que ce grand Ouvrier, dont l'art est si exquis & si incomprehensible, puisse se préparer depuis si long-temps à méditer quelque chose de si achevé, qui soit capable d'estre compris? C'est alors qu'il ouvrira tous ses tresors pour l'accomplissement d'un ouvrage qui doit estre l'assemblage de toutes les grandeurs, & de tous les plaisirs propres à toucher le cœur de l'homme. C'est aussi dans la veûë du prix de ce bonheur, que le Prophete pasmé de joye & saisi de ravissement, disoit autrefois dans le transport de son amour: *Je me suis ressouvenu, Seigneur, de la grandeur de vos promesses, & dans un souvenir si doux tous les desirs de mon cœur se font en quelque façon répandus dans mon ame, parce que j'auray un jour le bonheur d'arriver à ce palais admirable que vous habitez.* Et ce sera pour vous y posseder. On voit bien par tout ce discours que David est tellement transporté de joye & d'admiration, qu'il n'en dit pas tant qu'il en veut dire, & qu'il a de la peine à

s'expliquer,

s'expliquer, faisant un effort de parler dans un sujet qui est au dessus de toutes les paroles.

Ainsi, *C'est en vain*, disoit Saint Augustin, *que le luxe qui fait tant d'ostentation de ses richesses, veut passer pour somptuosité. Vous estes le seul, mon Dieu, qui soyez digne de ce nom, par l'immensité de vos tresors, & par l'abondance de vos richesses. C'est en vain que la profusion se vante d'estre liberale : toute répanduë qu'elle est dans ses dons, ce n'est que l'ombre de vostre magnificence.* Disons donc de cette souveraine gloire que nous promet la Foy, ce que Saint Grégoire disoit de Dieu : *Ma consolation est que je sers un maistre dont je ne puis comprendre la grandeur, tant elle est au dessus de mes idées : si je la comprenois, je l'estimerois moins luy-mesme.* Ainsi consolons-nous que cét heureux avenir, qui occupe tous nos desirs & toutes nos esperances, nous paroisse autant incomprehensible qu'il est. Ce seroit peu de chose si avec des esprits aussi bornez que les nostres, nous pouvions

Luxuria abundantiam se cupit vocari, sed tu plenitudo es indeficiens, & copia : effusio liberalitatis obtendit umbram : sed tu bonorum omnium largitor affluentissimus es. *Aug. Conf. lib. 2. cap. 6.*

Magnificentia tua super cælos. *Psal. 8.*

V

le concevoir : il eſt ſi grand, qu'avec toutes nos lumieres, & avec le ſecours de
la Foy, noſtre eſprit ne comprend rien
en ſa grandeur. Comme c'eſt le plus accompli de vos ouvrages, mon Dieu, ce
doit eſtre auſſi le plus incomprehenſi-
ble ; & nous devons nous attendre dans
cette bienheureuſe gloire à quelque
choſe d'infiniment plus grand que tout
ce que nous en penſons, & tout ce que
nous en eſperons. Car enfin ce ne peut
eſtre que quelque choſe d'incompre-
henſible, puis que ce ſera le dernier effort de la vertu d'une main auſſi ſouveraine que celle de Dieu : pour faire
éclater toute ſa magnificence au grand
jour des triomphes de la feſte de ſon
Fils : lors qu'il puiſera dans la plenitude
de la ſource infinie de ſa ſuprême ſageſſe,
& de ſa toute-puiſſance les treſors de la
gloire qu'il luy prépare. Quoy, ſi un a-
veugle né dans les ténebres ne peut concevoir ce que c'eſt que la lumiere ni les
autres beautez de la terre dont il n'a
nulle idée, croyons-nous qu'un mortel
puiſſe comprendre les beautez du Ciel

les plus parfaites & les plus exquises, dont il n'a aucune image dans l'esprit? Et tout ce que les Philosophes ont autrefois imaginé de cette felicité, en s'abandonnant à la beauté de leurs idées n'a rien eû de comparable à ce que c'en est. Enfin il y a une profondeur en ce mystere, qui toute incomprehensible qu'elle paroist à nos esprits, ne laisse pas d'édifier tellement nos cœurs, qu'elle les remplit de toute la ferveur dont est capable nostre esperance. Mais il y a encore une raison plus forte que toutes celles que je viens de rapporter, pour faire sentir l'excellence du prix de cette gloire, qui sera la mesme pour tous les Prédestinez, que celle que Dieu destine à son Fils, & qui nous reste à considerer.

CHAPITRE XV.

De la grandeur du prix de la gloire des
Prédestinez, en ce qu'elle est la mesme,
que celle que le Pere a préparée
à son Fils.

IL est vray que rien n'est capable de
donner tant d'idée de la grandeur de
cette gloire que nous attendons dans
l'autre vie, que ce que Saint Jean nous
en dit, que c'est une feste éternelle que le
Pere prépare à son Fils pour le glorifier
dans tous les siecles. Car qu'est-ce que
le Fils n'a point fait pour la gloire du
Pere, & qu'est-ce que le Pere ne fera
point pour la gloire du Fils? Mais pour
comprendre ce Mystere dans toute l'é-
tenduë qu'il mérite d'estre compris, il
faut faire une espece de retour sur tous
les plus grands Mysteres de nostre Religion, & repasser par nostre esprit ces
desseins éternels de Dieu, qui a sceû
trouver le moyen par la profondeur de
sa sagesse, de tirer du plus grand de

tous les maux, qui eſt le peché le plus
grand de tous les biens, qui eſt ſa gloire. Il faut meſme convenir qu'il s'eſt
fait un plus grand plan de cette gloire par le peché du premier homme,
qu'il ne ſe ſeroit fait par ſon innocence & par ſa fidelité. J'avoüë que ce
n'eſt pas à nous d'entrer dans des ſecrets ſi profonds des ſouverains conſeils d'un ſi grand Maiſtre, avec des eſprits auſſi ſuperficiels que les noſtres :
qu'il nous ſuffiſe de dire avec Saint
Jean, *Vos œuvres ſont dignes d'étonne-*
ment &) d'admiration , Seigneur tout -
puiſſant : &) vos voyes ſont juſtes & ve-
ritables, ô Roy des ſiecles ! Et conten-
tons - nous de bien ſçavoir que la conduite du monde n'a point d'autre regle que l'ordre ſouverain de Dieu , &
l'accompliſſement de ſes deſſeins éternels.

Mais ſans prétendre approfondir trop
curieuſement cét abiſme impénetrable
de la ſouveraine Sageſſe, il eſt évident
que l'eſtat d'innocence euſt eſté moins
glorieux à Dieu, parce que l'honneur

Magna & mi-
rabilia ſunt o-
pera tua, Domi-
ne Deus omni-
potens: juſtæ &
veræ ſunt viæ
tuæ, Rex ſæcu-
lorum.
Apoc. cap. 15.

de son culte auroit esté renfermé dans des bornes bien plus étroites. Il n'auroit esté honoré que par la créature, & dans l'autre estat il est honoré par un Dieu : car celuy qui adore est aussi grand que celuy qui est adoré. Il n'auroit eû pour victimes que des animaux dans le premier estat, & dans le second c'est un Dieu mesme qui est sa victime, parce que c'est son Fils. Voilà la derniere fin du Mystere ineffable de l'Incarnation, Dieu honoré par un Dieu. Le Fils prend une chair semblable au peché, non seulement pour guerir le peché, & pour apprendre à l'homme cette admirable morale de nostre Religion, dont il devoit estre le modele, mais bien plus, pour honorer son Pere d'une maniere digne de luy, en luy soumettant un Dieu : & par une si grande démarche il luy rend un honneur qui surpasse tous les honneurs, que les Anges & les hommes estoient capables de luy rendre. Et le Pere ayant aimé ce Fils de toute éternité, non seulement en Pere, mais en Dieu, c'est-à - dire, d'un amour au dessus de tout amour ; & cét aimable Fils s'estant fait outre cela un mérite infini, par l'abbaissement prodigieux de son Incarnation, qui fait un honneur au Pere au dessus de tous les honneurs : le Pere, pour satisfaire à l'amour infini qu'il luy porte, & pour le récompenser de ses humiliations, luy prépare une gloire au dessus de toute gloire. Et comme le Fils a fait par des torrens de sang ce qu'il pouvoit faire par une goute, pour la gloire de son Pere, & que ce qui pouvoit suffire au mérite n'a pas suffi a son amour : ainsi le Pere ne gardera point de bornes dans la récompense qu'il prépare à un Fils qui l'a si hautement honoré, pour satisfaire à tout le poids de la dilection qu'il a pour luy. C'est ainsi que l'opprobre de la Croix sera la source de sa gloire. Mais quelle récompense peut estre assez grande pour répondre à tout le mérite du Fils ? C'est à quoy pense le Pere. Voilà de ses desseins éternels, celuy qui l'occupe le plus : c'est le grand ouvrage de sa toute-puiſſance. Le monde, les Anges, les hommes, toutes les créatures ne ſont que le ſecond. Le premier, c'eſt la beatitude du Fils, lequel a eſté la beatitude du Pere dans l'éternité devant la création du monde, dont il doit eſtre la gloire dans l'éternité, qui ſuivra la conſommation des ſiecles.

Ainſi cette bienheureuſe éternité où nous aſpirons, ſera dans le premier deſſein de Dieu le couronnement, & la récompenſe des ſouffrances & des humiliations de ſon Fils, le grand jour de ſa gloire, & la feſte éternelle de ſon triomphe, dont tous les Bienheureux feront les honneurs. Ce qui fait que Saint Pierre parlant aux premiers Chreſtiens, pour animer leur foy en animant leur eſperance, l'appelle le jour de la révelation de Jeſus-Chriſt. C'eſt auſſi la raiſon pour laquelle le Pere l'a établi héritier de toute ſa puiſſance & de tous ſes biens, comme l'aſſûre Saint Paul. En quoy il a meſme glorifié cét adorable Fils par ſes ſouffrances, en luy donnant lieu de mériter le Ciel, qu'il

regardoit

Ut probatio veſtræ fidei inveniatur in gloriam & honorem in revelatione Jeſu Chriſti.
1. Pet. cap. 1.
Quem conſtituit hæredem univerſorum.
Hebr. cap. 1.
Subjecit ei omnia.
Perfeciſti nos Deo noſtro regnum.
Apoc. cap. 5.

regardoit comme son héritage , parce qu'il y a plus de veritable gloire à estre conquerant d'un Royaume, qu'à en estre l'héritier : l'un ne pouvant estre que le prix de la vertu , & l'autre n'estant que le fruit seulement de la naissance. Ce qui a fait dire à Saint Paul, parlant aux Chrestiens de Thessalonique, & à Jesus-Christ luy-mesme parlant aux deux Disciples d'Emaüs, *qu'il falloit qu'il souffrist pour entrer en sa gloire par ses souffrances ,* afin que par une conduite si sage, son humanité fust élevée au plus haut point de gloire que la nature humaine peut l'estre.

En quoy consiste précisément la consommation du mystere ineffable de l'Incarnation du Fils de Dieu, & ce qui luy donne le droit de demander à son Pere la gloire qu'il a meritée par ses travaux, quand il luy dit : *Mon Pere, l'heure est venuë de glorifier vostre Fils ; je vous ay glorifié sur la terre, j'ay achevé l'ouvrage dont vous m'aviez chargé.* C'estoit le veritable sujet qui luy faisoit parler de sa Mort, comme de sa

Constituit eum dominum domus suæ, & principem omnis possessionis suæ. Psal. 104.

Christum oportuit pati, & resurgere. Act. cap. 17.

Oportuit pati Christum, & ita intrare in gloriam suam. Luc. cap. 24.

Humiliavit semetipsum, propter quod exaltavit illum.

Pater, venit hora, clarifica filium tuum. Ego te clarificavi, opus consummavi, quod dedisti mihi ut faciam. Joan. cap. 17.

X

Gloire, & qui luy faisoit parler de sa
Passion avec tant de plaisir : qui luy fit
appeller Saint Pierre son ennemi, parce
qu'il s'opposoit à son dessein, & Judas
son ami, parce qu'il avança le moment
de sa Mort, & qu'il appelloit sa Passion
du nom de gloire & d'honneur. Que si la
mesure de la gloire que le Fils demande au Pere, en qualité de récompense,
se doit prendre sur la mesure de la gloire
que le Fils luy a rendu par ses abjections,
à quel prodigieux comble ne doit-elle
pas monter ? C'est aussi ce qui oblige le
Pere à faire tout ce qui se fait au Ciel
dans la seule consideration de son Fils,
qui a tout fait sur la terre pour l'honorer. Et c'est pour cela que cét aimable Fils doit estre *le Pere du siecle futur,*
comme dit le Prophete, c'est-à-diré,
le Souverain de ce glorieux Royaume,
qui durera dans les siecles des siecles,
qu'il tiendra entre ses mains les clefs de
la mort & de l'enfer, comme il parle
luy-mesme dans l'Apocalypse, luy qui
sera le principe & la fin de toutes choses. C'est pour l'honorer éternellement

que Dieu a choisi ses Elûs & les Prédestinez de toute éternité, & que selon
l'ordre & selon l'idée de ses desseins é-
ternels, il a pris la résolution de rétablir & de renouveller en Jesus - Christ
tout ce qui est au Ciel & tout ce qui
est sur la terre, comme l'Apostre l'enseigne aux Ephesiens par cét éloge admirable qu'il fait du regne glorieux de
Jesus - Christ en l'autre vie : Afin, dit-il,
que nous soyons la gloire & le sujet le
plus éclatant des loûanges de ce divin
Sauveur. Car voilà le plan qu'il s'est
formé pour honorer son Fils, en luy
faisant un Royaume nouveau, de nouveaux sujets, une nouvelle gloire, l'é-
tablissant dans le Ciel comme dans un
superbe palais, où il doit déployer tous
les tresors de sa magnificence, & tout
ce qu'il y a de richesses pour l'en rendre le maistre & le dispensateur, & qu'en
qualité de Sauveur, il devient le Créateur du monde futur, & le Seigneur
universel de toutes choses. Car si Dieu
le Pere a dit autrefois à Abraham, qu'il
l'établiroit le chef d'un grand peuple,

mortis & in-
ferni,
Apoc. cap. 1.
Ego sum prin-
cipium & finis.
Ibid.
Benedictus
Deus, & Pater
Domini nostri
Jesu Christi,
qui benedixit
nos in cælesti-
bus in Chris-
to, sicut elegit
nos in ipso,
ante mundi
constitutio-
nem; qui præ-
destinavit nos
in adoptionem
filiorum, per
Jesum Chris-
tum, secundùm
propositum
voluntatis suæ.
Eph. cap. 1.
Secundùm be-
neplacitum e-
jus, in dispen-
satione pleni-
tudinis tempo-
rum, instaura-
re omnia in
Christo, quæ
in cœlis, & quæ
in terra sunt,
ut simus in lau-
dem gloriæ
ejus. *Ibid.*

parce qu'il luy avoit obéi : que ne doit-il point faire à son cher Fils, qui luy a obéi jusques à la mort la plus ignominieuse qui ait jamais esté, la mort de la Croix ?

Il luy donne enfin tous ses pouvoirs en la terre & au Ciel, il le fait juge & arbitre de tout l'Univers, afin que les hommes honorent le Fils de la mesme maniere qu'ils honorent le Pere. Saint Paul explique encore mieux ce grand Mystere des desseins de Dieu dans la gloire qu'il prépare à Jesus-Christ en l'Epistre aux Colossiens, lors qu'il leur déclare, que le Pere les a delivrez de la puissance des ténebres, & les a transferez dans le Royaume de son Fils bien-aimé, lequel nous a rachetez en nous méritant par son Sang la rémission de nos pechez : car tout a esté créé par luy & pour luy, & rien ne subsiste que par luy. C'est le Chef du Corps de l'Eglise, le premier né d'entre les morts, afin qu'il soit le premier en toutes choses, parce qu'il a plû au Pere que la plenitude de ses dons résidast en luy.

Enfin Saint Paul s'étend ſur les grandeurs de ce Fils d'une maniere ſi ineffable, que Saint Chryſoſtome dit, qu'on n'a pas de peine à comprendre, que la raiſon pour laquelle cét Apoſtre a eſté enlevé juſqu'au troiſiéme Ciel, a eſté pour contempler le Fils à la droite du Pere dans tout l'éclat de la gloire qui luy eſtoit deſtinée.

Chryſ. in epiſt. ad Coloſſ. cap. 1.

Mais perſonne n'a mieux décrit cette grande Feſte que Dieu prépare pour glorifier ſon Fils, que Saint Jean dans l'Apocalypſe, quand il nous la repreſente ſous la figure de la célebrité du mariage de l'Agneau avec l'Egliſe des Prédeſtinez, en faiſant la deſcription de ces délicieuſes nopces. Ce ne ſont dans toute la deſcription qu'en fait cét Apoſtres, que des expreſſions de douceur, de plaiſir, de conſolation : tout y ſera agreable pour ceux qui ſeront d'une ſi ſainte & ſi divine aſſemblée. Ce ne ſeront que cantiques de joye, que chants d'allegreſſe, que concerts dont tout retentira, pour remercier le Pere de la Juſtice qu'il rend à ſon Fils, de le com-

Gaudeamus & exultemus, & demus gloriam, quia venerunt nuptiæ Agni.
Apoc. cap. 19.

In quem desi-
derant Angeli
prospicere.
1. Pet. cap. 1.

Desiderium
collium æter-
norum.
Gen. cap. 49.

Et adoret eum
Angeli Dei.
Heb. cap. 1.

Beati qui ad
cœnam nuptia-
rum Agni vo-
cati sunt.
Apoc. cap. 19.

bler de tant de gloire, de le faire l'objet de la complaisance & de l'admiration des Anges, aprés qu'il a esté l'opprobre des hommes, & de le rendre desirable à tout ce qu'il y aura de grand dans l'éternité, comme s'explique l'Ecriture, aprés qu'il a esté le rebut du peuple pendant le temps.

Heureux donc ceux, dit l'Ange, qui seront appellez aux nopces éternelles de ce Dieu immolé sous la figure de l'Agneau, dont il prend le nom pour estre glorifié sous la mesme figure par un mariage avec l'Eglise, c'est à dire, l'assemblée des Prédestinez ! Cette cérémonie est si divine, que le détail en est ineffable : l'idée de la seule magnificence du banquet est si inconcevable, qu'elle ne peut estre bien representée. Il n'y aura rien qui ne respire la joye ; tous les plaisirs & toutes les délices y seront étalez dans toute la pompe imaginable ; & une des grandes satisfactions des Bienheureux sera de s'arracher de la teste leurs couronnes pour les jetter aux pieds du trône de

Procidebant
ante sedentem
in trono, &
adorabant vi-
ventem in sæ-
cula, & mitte-

ce Roy de gloire, & pour luy en faire hommage, en luy diſant ſans ceſſe : *Vous meritez d'eſtre honoré de la ſorte, Seigneur,* parce que vous eſtes le maiſtre de tout, eſtant devenu le réparateur du Ciel & de la terre, & le reſtaurateur de toutes choſes, par ce monde nouveau que vous formez pour les Elûs, & que vous parez de tant de beautez en leur conſideration. Vous eſtes le ſeul capable d'ouvrir le livre de vie, & de déveloper le grand myſtere du ſalut, qui eſt la conſommation de tous les myſteres. Vous eſtes auſſi le ſeul digne de faire les honneurs du regne triomphant des Prédeſtinez, par l'ouverture de ce livre, dont vous avez rompu les ſceaux qui le fermoient : parce que vous avez eſté immolé pour la gloire de voſtre Pere, & pour le ſalut de vos freres. C'eſt par l'effuſion de tout voſtre ſang, & par la conſommation du ſacrifice de voſtre mort, que vous eſtes parvenu à ce comble d'honneur deû à vos mérites infinis. C'eſt par ce ſang répandu pour

bant coronas ſuas ante tronum ejus. *Apoc. cap. 4.*

Dignus eſt agnus, qui occiſus eſt, accipere honorem, & gloriam, & benedictionem. *Apoc. cap. 5.*

Ecce nova facio omnia. *Apoc. cap. 21.*

Dignus es Domine accipere librum, & aperire ſignacula ejus, quoniam occiſus es. *Ibid.*

Humiliavit ſemetipſum, propter quod & Deus exaltavit illum. *Philip. 2. cap. 2.*

les hommes, dit Saint Thomas, que vous avez aquis la puissance que vostre Pere vous a donnée sur eux & sur toutes les creatures, pour en estre le souverain maistre. C'est ainsi que Saint Jean décrit la solennité de ces celestes nopces en son Apocalypse, où il déclare que tous les honneurs de la bienheureuse Eternité seront pour cét adorable Fils, qui a merité de rétablir la gloire de son Pere au prix da la sienne : & que les Elûs de toutes les nations du monde luy rendront les hommages de leur salut, qu'ils devront à son sang & à ses souffrances. Ce fut peut-estre ce qui donna lieu, dans la naissance de la Religion, à Saint Papias Evesque d'Hierapolis d'imaginer un regne de Jesus-Christ sur la terre à la fin des siecles, pour y estre honoré des hommes, & d'en faire un dogme de nostre Foy, qui fut condamné comme une erreur par l'Eglise, ce regne n'ayant rien de proportionné au merite de Jesus-Christ. Il est vray qu'il estoit de la souveraine grandeur de Dieu, & de sa souveraine Justice,

Justice, que tout ce triomphe & toute la pompe de cette feste éternelle de la gloire regardaſſent la perſonne de Jeſus-Chriſt, n'eſtant uniquement que pour luy, & que ce divin Sauveur qui avoit eſté l'attente de tous les peuples depuis le commencement du monde, & l'eſpe-rance des extrémitez les plus éloignées de la terre ; ce Meſſie ſi deſiré par le-quel tous les hommes devoient eſtre ſauvez, & dont le nom ſeul devoit nous rendre heureux en operant noſtre ſalut, fuſt le terme de tous nos reſpects, & l'objet de toutes nos adorations pen-dant l'éternité. Il falloit enfin que ce Pere ſi équitable déployaſt toute l'éten-duë de ſon pouvoir, & fiſt éclater tout le poids de ſa vertu pour combler de gloire ce divin Fils, qui l'avoit com-blé d'honneur, & qu'il luy préparaſt une récompenſe digne de la majeſté d'un Dieu, dont la plenitude ne laiſſaſt non ſeulement rien à deſirer, mais al-laſt meſme au devant de tous les de-ſirs, pour répondre au deſſein qu'il a d'honorer ce Fils au jour éternel de la

Spes omnium finium terræ, & in mari, longè. Pſal. 64.

Non eſt in alio aliquo ſalus. Act. cap. 4.

Non eſt aliud nomen ſub cœlo datum, in quo oporteat nos ſalvos fieri. Act. ibid.

In laudem, & gloriam, & honorem in re-velatione Jeſu Chriſti. Pet. epiſt. 1. cap. 1.

Y

révelation de sa gloire, comme parle Saint Pierre. Car c'est proprement au grand jour de l'éternité que Jesus-Christ sera glorifié par la manifestation du Mystere ineffable de son éternelle élection, selon la Prophetie de Saint Paul, lors qu'il explique à son disciple Timothée ce glorieux avenement du Fils, que le Pere avoit destiné de faire paroistre en son temps, en l'élevant au souverain comble de sa gloire, qui doit estre la consommation de tous les Mysteres.

In adventum Jesu Christi, quem suis temporibus ostendit.
1. Tim. cap. 6.

C'est en abregé cette beatitude si complete, que le Fils de Dieu, en qualité de Chef des Prédestinez, voudra bien partager avec eux, comme il le promet luy-mesme à ses disciples, par ces paroles de l'Evangile : *Je vous prépare le mesme Royaume que mon Pere m'a préparé ;* de sorte que la récompense de leurs peines sera la récompense des peines de cét aimable Sauveur. Ils entreront, pour ainsi dire, en societé de sa gloire, & ils auront part à tous ses honneurs : le prix inestimable de son Sang sera celuy de leur beatitude, & la

Ego dispono vobis regnum, sicut disposuit mihi Pater.
Luc. cap. 22.

mesure de leur bonheur sera la mesme
que celle des mérites de Jesus - Christ.
Voilà le comble de ce qu'on peut dire
de cette felicité que la Foy promet aux
Fideles, au - delà de quoy il n'y a plus
rien à concevoir, ni mesme à imaginer.
C'est le Sauveur du monde qui nous en
asseûre luy - mesme, quand il dît au serviteur qui l'avoit fidelement servi dans
les petites choses, qu'*il entrast dans la* *Intra in gau-*
joye de son Seigneur; quand il deman- *dium Domini*
de à son Pere, que ceux qu'il luy a *tui.*
donnez ayent part à sa gloire; quand *Matth. cap. 25.*
il déclare à Saint Pierre, en se prépa- *Si non lavero*
rant à luy laver les pieds, qu'il n'a rien *te, non habe-*
à prétendre à la récompense, s'il ne le *bis partem me-*
souffre; quand il veut que ses Disciples *cum.*
soient avec luy, qu'ils joüissent de ses *Joan. cap. 13.*
honneurs, qu'ils partagent jusques à son *Pater, quos de-*
trône. Enfin il paroist par tout que c'est *disti mihi, vo-*
luy qui doit estre le Maistre dans le *lo, ut ubi sum*
Ciel, & qu'il est le dispensateur de tou- *ego, & illi sint*
te la gloire qui se distribuëra dans le *mecum: ut vi-*
Regne triomphant du siecle futur, de *deant clarita-*
la maniere dont en parle Saint Jean, *tem, quam de-*
lors qu'il dit au Pere Eternel, en luy *disti mihi.*
Joan. cap. 17.

Ut ubi ego
sum, illic & sit
minister meus.
Joan. cap. 17.

Y ij

parlant de son Fils : *Vous luy avez donné la puissance sur tous les hommes, afin
qu'il donne la vie éternelle à tous ceux
que vous luy avez confiez.*

Ne cherchons plus aprés cela des termes propres à remplir nos esprits de
l'excellence & du prix de cette récompense que nous esperons dans le Ciel :
il n'y a plus d'images, plus de figures,
plus de paroles pour en expliquer la
grandeur. Toutes les idées que nous
pouvons nous en former, & toutes les
expressions que nostre imagination peut
nous en fournir sont épuisées, par ce que
j'en viens de dire. Car il paroist de là
que nous serons entierement remplis de
Dieu, tout-à-fait possedez de son esprit, & que nous partagerons avec son
Fils la plenitude de sa gloire.

Ainsi nostre joye, nos plaisirs, nos
délices seront la joye, les plaisirs,
les délices de Jesus-Christ : chaque
Prédestiné aura un bonheur égal à son
desir, ne pouvant souhaiter rien au-
delà de ce qu'il possedera, devant
posseder tout ce que le Fils de Dieu

a merité de son Pere : & tout cela se
passera dans un silence d'esprit, où le
comble de la satisfaction des Bienheureux paroistra en toute la plenitude de
leur joye & de leur tranquillité. Ce
qui n'arrivera que quand Dieu, en les
comblant de sa gloire, les aura rendus
semblables à luy, pour les rendre susceptibles de ses communications divines, & de toutes ses celestes operations.
Voilà quelle sera cette vie dont l'Apostre Saint Paul, aprés le Prophete Isaïe,
nous a dit davantage en n'en disant
rien, que toutes les exagerations les plus
grandes de l'éloquence la plus accomplie n'ont jamais pû en exprimer, as-
seûrant *que nul œil n'a jamais veû,
nulle oreille n'a jamais entendu, nul esprit n'a jamais compris la grandeur de
la gloire qui est promise aux Bienheureux.* Mais par où parvenir à un terme
qui doit estre l'objet de tous nos desirs,
& le but de toutes nos esperances ?
Voyons enfin, si nos cœurs sont touchez, comme ils doivent l'estre, d'un
si grand interest, & à quel prix se

donne une récompense si fort au dessus
de nos mérites.

CHAPITRE XVI.

*Par quelle voye on peut parvenir
à cette gloire.*

SEROIT-IL juste qu'un Royaume
pareil à celuy que je viens de décrire, une Eternité d'un prix si inestimable, une gloire si accomplie, une récompense enfin d'une valeur infinie se
donnast pour rien ? car c'est moins
que rien que ce que font la pluspart
des Chrestiens pour la meriter. En effet, que fait-on pour cela ? On passe la
vie à se faire des établissemens qui doivent durer si peu, & l'on ne pense pas
à cét établissement solide & durable
qui ne finira jamais. Un plaisir d'un
moment, un interest leger & perissable
nous engage à tout entreprendre pour
en joüir : & ce plaisir, cét interest éternel
que la foy nous propose ne nous tou-
che pas. Nous courons comme des

amans enforcelez aprés la vanité des biens de la terre : & cette plenitude des biens du ciel qui a quelque chose de si réel, ne fait presque aucune impression sur nos cœurs. Nous embraffons l'ombre pour le corps, & nous laiffons la verité pour nous occuper du menfonge. L'autre vie ne nous eft rien au prix de celle-cy : & un moment nous eft tout, & nous tient lieu de tout au prix de l'éternité. Ce n'eft qu'avec des yeux charnels & avec une ame toute terreftre que nous regardons le ciel, nous abandonnans trop aifément à la fauffeté de nos fens pour nous en former des idées.

Où eft la raifon, où eft le jugement, dit le Prophete, dans une perverfité de difcernement, & dans un renverfement de conduite fi déplorable ? Ce n'eft pas ce que la prudence de la Foy nous confeille, quand elle nous dit, qu'il faut préferer ce qui eft éternel à ce qui eft periffable, de quelque éclat, & de quelques belles apparences que foit reveftu ce qui doit finir. Car *que*

Difce ubi prudentia, ubi fit intellectus, ut fcias ubi fit longiturnitas vitæ, ubi lumen & pax. Barue. cap. 3.

Quid prodeft homini, fi uni-

verſum mundum lucretur, animæ verò ſuæ detrimentum patiatur?
Matth. cap. 16.

Præpoſui illam regnis & ſedibus, & divitias nihil eſſe duxi in comparatione illius.
Sap. cap. 7.

ſerviroit à l'homme de ſe rendre maiſtre de l'Univers en gagnant tout le monde, & de ſe perdre luy-meſme ? C'eſt cette Sageſſe, dont Salomon fit plus d'eſtat que des Sceptres & des Couronnes, & qu'il eſtima plus que tous les treſors & toutes les richeſſes de la terre : trop heureux de la poſſeder, tout Roy qu'il eſtoit, & de la compter dans ce qu'il avoit de plus précieux, ne trouvant rien qui meritaſt d'entrer en quelque ſorte de comparaiſon avec une lumiere ſi ſainte & ſi pure, qui n'inſpire que du mépris pour tout ce qui paſſe, parce qu'elle ne peut s'occuper que des choſes éternelles ! C'eſt auſſi le plus profond des aveuglemens de l'homme, qui ſe laiſſe aller aux vains amuſemens de la terre, deſtiné qu'il eſt pour le Ciel. Voilà quel eſt l'eſprit de la ſageſſe mondaine, qui ne s'attache qu'au preſent, de préferer ce qui doit finir à ce qui ne finira point, & de faire plus d'eſtat des choſes viſibles qui periront, que des inviſibles qui doivent toûjours durer. C'eſt ce que faiſoient ces Infideles

Quæ videntur téporalia ſunt, quæ non videntur æterna.
2. Cor. cap. 4.

de

de l'ancienne Loy dont parle le Prophete Baruc, qui n'estoient prudens que d'une prudence terrestre, & qui ne connoissoient pas cette sagesse des Fidelles de la Loy nouvelle, lesquels protestent avec Saint Paul, que *ce ne sont pas les choses visibles qu'ils considerent : ce ne sont que les invisibles, parce que ce qui est visible perira, & ce qui est invisible ne perira point.*

C'est en quoy cette vraye prudence des justes dont parle Saint Luc, qui dispose les cœurs à la Foy, est semblable à celle du laboureur qui ne vit que d'esperance, & qui jette sa semence dans la terre, pour en recueïllir le fruit au temps de la moisson. C'est aussi cette Sagesse si vantée dans l'Ecriture, quand le Sage dit que celuy qui l'aura trouvée aura trouvé la vie. Au reste, ne nous flatons point sur l'esperance que nous donne l'Apostre, qu'un soupir, qu'une larme, qu'une action passagere, qu'un moment enfin est capable de nous meriter l'éternité, puis qu'il ne faut aussi qu'une parole, qu'une pensée, qu'une ima-

Filii Agar, qui exquisierunt prudentiam, quæ de terra est : viam autem sapientiæ nescierunt. Baruc. cap. 3.

Non contemplantibus nobis ea quæ videntur, sed quæ non videntur. 2. Cor. cap. 4.

Ad prudentiam justorum parare Domino plebem, &c. Luc. cap. 2.

Qui me invenerit, inveniet vitam. Prov. cap. 8.

gination, qu'un moment pour la perdre, & pour nous damner. Gagner ou
perdre ce grand prix de l'éternité! ô
moment! ô éternité! ô risque terrible
& épouvantable! Quoy, est-ce par
une conduite pleine de molesse, par
une vie toute mondaine, & par tout
ce que le siecle a de vain & de frivole
dans ses maximes, que vous prétendez
remporter ce Royaume qui n'est que
pour ceux qui se font violence? Est-ce
que des gens possedez uniquement de
l'esprit du monde, qui vivent dans un
profond oubli de leur salut, & dans un
mépris prodigieux des choses du Ciel,
oseroient y prétendre, aprés que l'A-
postre a déclaré si hautement, que *celuy*
qui seme dans la chair ne recueillera que
les fruits de la chair, c'est-à-dire la cor-
ruption, & que celuy qui semera dans
l'esprit, recueillera de l'esprit la vie éter-
nelle?

Commençons donc pour réüssir dans
une affaire aussi importante qu'est celle
du salut, à oster ces obstacles qui luy
sont essentiels, cét esprit du siecle qui

n'a rien que de terrestre & de charnel, ces attachemens à la vanité, cette illusion dont le monde remplit nos cœurs en les remplissant de ses maximes. Passons au travers des écueïls qui se trouvent dans la possession des biens temporels, & passons-y de sorte que nous ne nous exposions point à perdre les biens éternels. Et souvenons-nous bien que rien ne sanctifie tant le Chrestien, & ne purifie davantage ses mœurs, que la méditation du souverain bien, & la continuelle occupation des choses éternelles, dont il ne peut avoir l'esprit plein, qu'il ne conçoive un grand dégoust, & un grand mépris pour les choses passageres & temporelles. Mais sur tout n'aspirons point à ce glorieux repos de l'autre vie, qu'aprés nous estre exercez dans les fatigues de celle-cy: car ce n'est qu'en portant paisiblement les ténebres de la vie mortelle, qu'on entre dans les lumieres de l'immortalité; ce n'est que par le combat qu'on va à la gloire, & que par la Croix qu'on parvient au salut. Le Fils de Dieu a porté sa Croix toute sa vie : ce n'est que par la Croix qu'il veut qu'on le suive, & ce n'est qu'à ce prix qu'il a mis la vie éternelle. Ce fut au sortir de la Croix & du Sepulcre qu'il parut glorieux à ses Apostres, afin qu'ils comprissent qu'on ne mérite la récompense que par là, & qu'il n'avoit point d'autre voye à leur montrer. Il n'a beû le Calice que pour nous apprendre à le boire comme luy ; & le moyen de ne le pas faire, aprés qu'on a appris de ce divin Maistre qu'il faut haïr son ame pour la conserver ? Ce n'est en effet que par les souffrances qu'on remporte le prix de cette victoire où nous devons aspirer : & qui oseroit prétendre d'aller à la gloire par une autre voye que par celle où le Fils de Dieu y est allé ? Faisons pour une Couronne, qui ne flétrira jamais , ce que faisoient autrefois les Payens dont nous parle l'Apostre , pour une branche de laurier qui sechoit sur leur front, dés qu'ils l'avoient meritée. N'estoit-il pas juste, dit Lactance, qu'une récompense d'un si grand prix ne se donnast point à une vie molle & délicieuse, mais à la peine & au travail ? Ne falloit-il pas endurer les foiblesses où est sujete la misere de nostre condition, & souffrir les maux que ceux qui vivent selon la chair font endurer à ceux qui vivent selon l'esprit, pour parvenir à cette gloire ? Considerons ce que l'Ange de l'Apocalypse répondit au Vieillard qui luy demandoit, qui estoient ceux qu'il voyoit revestus de robes blanches, pour accompagner l'Agneau, c'est-à-dire, les Prédestinez, & d'où ils estoient venus. *Ce sont ceux*, dit l'Ange, *qui ont esté dans les souffrances, & qui aprés avoir passé par la tribulation, ont lavé & blanchi leurs robes dans le sang de l'Agneau.* Les traces qui nous restent du chemin que tant de Martyrs, tant de Confesseurs, tant de Vierges nous ont marqué pour aller au Ciel, & qui doivent nous servir de guide pour y arriver, nous avertissent assez que ce n'est que par les souffrances qu'on y peut parvenir ; c'est-à-dire, en se faisant la guerre à soy-mesme, par un renonce-

& delicatè assequerentur, ad illud æternæ vitæ præmium summa cû difficultate, & magnis laboribus pervenirent.
Lact. de Beata vita.

Hi sunt qui venerunt de tribulatione magna, & laverunt stolas suas, & dealbaverunt eas in sanguine Agni.
Apoc. cap. 7.

ment continuel à ſes inclinations, par
une grande patience dans l'adverſité, &
par une modeſtie & une humilité encore plus grande dans le ſuccés & dans
la proſperité. Car ſi le Ciel eſt une récompenſe, ne faut-il pas la mériter?
Si c'eſt une conqueſte, ne faut-il pas
combatre pour l'emporter? Si c'eſt une
manne qui ne ſe donne qu'au victorieux, comme l'enſeigne Saint Jean
dans l'Apocalypſe, ce n'eſt qu'à celuy
qui réſiſte à ſes deſirs qu'elle eſt deſtinée. Et quoy-que tous ne ſe ſauvent
pas par la meſme voye, c'eſt toûjours
par la réſiſtance qu'on ſe fait à ſoy-
meſme, & par le renoncement à ſes
inclinations qu'on ſe ſauve. C'eſt dans
l'éloignement de tout ce qui eſt ſenſuel
& mondain, & dans le retranchement
de ce qui eſt vain & terreſtre que conſiſte ce combat qu'on fait au vieil homme pour le détruire, & pour faire triom-
pher le nouveau : c'eſt à ce ſouverain
moyen du ſalut que tous les autres doivent ſe réduire. Heureux celuy qui en
eſt bien inſtruit par une perſuaſion vi-

ve de la Foy, qui a compris ce grand
Myſtere de la Croix où ſe réduiſent tous
les autres Myſteres de la Rédemption,
& qui eſt parvenu à connoiſtre le prix
de cét heureux moment de tribulation
qui peut produire le poids éternel de
gloire dont l'Apoſtre nous fait de ſi
admirables leçons !

Mais ſi nous interrogeons le Prophete ſur le chemin qu'il faut tenir pour
arriver à cette ſainte Montagne, dont
la montagne de Sion n'eſtoit que la
figure, il nous dira que ce n'eſt que
par l'innocence des mœurs, par la pureté de cœur, par la fidelité à la Grace,
par la charité envers le prochain, & par
toutes ſortes de bonnes œuvres qu'on
y arrive. Ce ſera celuy dont la vie eſt
ſans tache, qui s'occupe à rendre la
juſtice, qui parle en ſon cœur ſelon
la verité, qui ne ſe ſert point de ſa
langue pour tromper, qui ne fait mal
à perſonne. Ce ſera un pauvre réſigné
par ſa patience à ſa miſere ; ce ſera un
riche humble & bienfaiſant ; un grand
Seigneur doux & équitable ; un Juge

Qui ingreditur ſine macula, & operatur juſtitiam ; qui loquitur veritatem in corde ſuo, nec fecit proximo ſuo malum.
Pſal. 14.

qui aura pris en sa protection la veuve & l'orphelin pour les tirer de l'oppres-sion ; une femme modeste qui aura re-noncé au luxe & à la vanité ; un Chres-tien enfin fidele à sa vocation qui rem-plit tous les devoirs de son estat, lequel se sauvera : car on ne va à Dieu que par ses voyes.

Le Sauveur du monde proposoit dans l'Evangile à ses Disciples la candeur, l'innocence, & la simplicité d'un en-fant, pour modele de la maniere dont il faut gagner le ciel. Ce Royaume, leur disoit-il, est pour ceux qui sont sem-blables aux enfans, dont la pureté de mœurs & l'éloignement de tout vice est le caractere essentiel. Il y a mille autres voyes pour le salut que chacun doit suivre selon la mesure de la grace que Dieu luy fait : mais la plus seûre & la plus droite est celle que la pro-vidence de Dieu a marquée à chacun par son estat & par sa vocation. Ce n'est pas toûjours par de grandes choses qu'on se sauve ; ce n'est souvent que par des petites. *Parce que vous avez esté fidele*

en

Nisi efficiami-ni sicut parvu-li, non intrabi-tis in regnum cælorum.
Matth. cap. 18.

Quia super pau-ca fuisti fidelis,

en des choses de peu, je vous établiray sur les grandes, dit le Fils de Dieu au serviteur de l'Evangile. Ce n'est point par des persecutions extraordinaires, par des souffrances excessives, par des épreuves redoutables à la patience la plus chrestienne ; enfin ce n'est point par le prix de vostre sang, ni par les tourmens & par le martyre que Dieu veut vous sauver : ce n'est souvent que par le renoncement aux mouvemens les plus legers de vostre amour propre à vostre luxe, à vos vanitez, à vos curiositez, à vos délicatesses, à vostre personne, à vous-mesme. C'est alors, que sans tant de façon une larme répanduë dans l'amertume du cœur pour le peché sera richement payée, & qu'un morceau de pain ou un verre d'eau donné au pauvre dans le besoin, au nom de Jesus-Christ, sera bien récompensé.

Car de tous les moyens de se sauver, le plus certain & le plus facile pour les riches est la compassion que la Foy leur inspire pour les pauvres, qui deviennent leurs protecteurs dans le Ciel,

A a

après les secours qu'ils en ont receû sur la terre , & qui leur mettront la couronne sur la teste pour leur faire part de leur gloire. C'est aussi le conseil que leur donne le Fils de Dieu dans l'Evangile : *Employez vos richesses , dit-il aux riches, a vous faire des amis , en les partageant aux pauvres, afin qu'ils vous reçoivent dans les tabernacles éternels , quand vous viendrez à manquer , au* jour redoutable de la colere. C'est en ce conseil que consiste proprement toute l'importance du salut des Grands du monde. Car l'aumône qu'on met dans la main du pauvre , ou qu'on cache dans son sein, est, dit le Prophete, le veritable germe, & la sainte semence de cette justice éternelle qui fera le bienheureux. Rien ne doit rendre ce conseil plus recommandable que celuy qui le donne, qui est le Fils de Dieu, dans une affaire où il s'agit du plus grand de tous les interests, qui est l'Eternité. Et dés qu'on a de la Foy, le moyen de croire que c'est Jesus-Christ qui tend la main, quand le pauvre de-

Et ego dico vobis : Facite vobis amicos de mammona iniquitatis , ut cùm defeceritis recipiant vos in æterna tabernacula.
Luc. cap. 16.

Dispersit, dedit pauperibus ; justitia ejus manet in sæculum sæculi.
Psal. 111.

mande l'aumône, & qu'on puisse luy fermer la sienne ? Enfin, le grand chemin du Ciel est la penitence : car tout bien consideré, l'Eglise n'est composée presque, que de penitens, n'estant remplie, comme elle est, que de criminels, c'est à dire, de gens qui ont perdu leur innocence baptismale, qu'il est si rare de conserver dans l'air empesté du siecle. Ce qui obligea Saint Jean de commencer à prescher la penitence en annonçant le royaume des Cieux. Mais aprés tout, le Chrestien doit compter encore bien plus sur le prix du Sang du Sauveur, & sur la grandeur des misericordes de Dieu, en l'affaire de son salut, que sur ses bonnes œuvres, & sur ses propres merites, l'un estant bien plus seûr que l'autre. Car c'est vous, mon Dieu, dit le Prophete, *qui sauvez ceux qui esperent en vous.* Voyons maintenant dans quel esprit le Fidele doit attendre cette gloire, que la Foy luy promet.

Pœnitentiam agite : appropinquavit enim regnum cœlorum.
Matth. cap. 4.

Salvum me fac propter misericordiam tuam.
Psal. 6.

Qui salvos facis sperantes in te.
Psal. 16.

CHAPITRE XVII.

Quel eſt le veritable eſprit du Fidele dans l'attente de la gloire, où il eſt deſtiné.

LA Foy, en promettant un royaume au Fidele pour la récompenſe de ſa vertu, luy inſpire une nobleſſe de ſentimens & une grandeur d'ame qui l'éleve bien au deſſus de ſon eſtat : & en le diſtinguant de tout d'une maniere ſi extraordinaire, elle le fait plus grand par ſes ſeules promeſſes, que ne peut faire toute la faveur par des bienfaits preſens & effectifs. Car animé qu'il eſt de l'eſprit de cette prudence chreſtienne qui luy fait préferer ce qui eſt éternel à ce qui ne l'eſt pas, pénetré de la certitude de la parole de Dieu & de l'aſſeûrance de ſes miſericordes, & touché des grandes eſperances dont il a le cœur plein, il ne juge plus des choſes par leurs apparences : ce qui eſt grand aux autres luy ſemble petit ; & la ſeule veûé du ſouverain bien qu'il ſe propoſe, luy rend méprisables tous les autres biens. Il n'est plus sensible à aucun interest temporel, n'ayant dans l'esprit que des choses éternelles. Ainsi tout ce qui passe ne fait plus d'impression sur son cœur, qui n'est occupé que de ce grand objet d'un avenir qui ne passera point. Il ne desire rien, ne trouvant aucune chose digne de ses desirs. Tout ce qui n'est pas durable & immortel n'a plus de part à ses veüës : il n'y a qu'un royaume éternel capable d'occuper & de remplir son attente ; & il est tellement seûr des faveurs que Dieu luy prépare, qu'il ne connoist plus d'autre interest, que celuy d'y prétendre & d'y aspirer. Rien n'est plus indépendant que luy, persuadé qu'il est que ce n'est que pour le Ciel qu'il est sur la terre, & qu'en possedant Dieu il possedera toutes choses. Les dehors de cét éclat dont les Grands sont environnez ne le touchent plus, estant détrompé de la fausseté de toutes les grandeurs humaines, qui ne sont au plus que des trophées de la vanité. L'idée des esperances dont son esprit est rempli l'éleve tellement au deſſus de la terre, qu'il n'y voit plus rien digne de ſon ambition, trouvant tout au deſſous de ſon eſtime, depuis que le Ciel eſt devenu ſon partage. Car il ne luy faut pas moins qu'un royaume pour le prix de ſa vertu, regardant toute autre récompenſe, quelque grande qu'elle ſoit, indigne de luy, & ne voyant rien dans tout ce que le monde a de plus grand, que de diſproportionné à la grandeur de ſes prétentions.

L'opinion qui a tant de pouvoir ſur les hommes du commun, n'en a point ſur luy : parce qu'il n'a rien de faux dans l'eſprit, & qu'il ne peut s'arreſter qu'à ce qui eſt réel, & à ce qui eſt vray. L'indifference qu'il a pour tout ce qui eſt mortel, que Saint Paulin appelloit autrefois *un ſaint orgueil*, & que Pierre Abbé de Cluny nomme *une hauteur d'ame, qui n'a rien que de celeſte,* regne ſur tous les mouvemens de ſon cœur, & ſur toutes les penſées de ſon eſprit, avec une eſpece de fierté ſi noble & ſi chreſtienne, qu'il ſemble qu'il ſoit au deſſus

de tout. Ces sentimens si rélevez qu'inspiroit Saint Paul aux premiers Fideles,
quand il leur parloit de l'Eternité, sont
gravez si profondement dans son ame,
qu'il dédaigne d'aspirer à une récompense moindre, que celle du Ciel. Les saintes impatiences qu'il a pour l'autre vie,
& l'extréme mépris qu'il a pour celle-
cy luy font une tranquillité d'ame que
rien n'est capable de troubler. Tout ce
qui est redoutable à la chair & au sang
le rasseûre : il trouve sa paix dans ce
ce qui allarme le reste du monde, prétendant qu'il ne faut que craindre Dieu
pour ne rien craindre ; & toutes les
puissances de la terre liguées contre luy
n'ont rien d'assez terrible, pour le faire
pallir. Car il regarde la bonne & la mau-
vaise fortune, l'honneur & l'infamie, les
succés & les disgraces d'un mesme œil,
considerant tout ce qui arrive dans la
vie plustost dans les ordres éternels des
desseins de Dieu pour son salut, que
dans le cours ordinaire des choses humaines, où l'interest & la passion des
hommes ont tant de part.

Et comme un voyageur n'a nulle attention aux lieux où il paſſe, ni aux perſonnes qu'il trouve en ſon chemin, il n'a devant les yeux que le terme de ſon voyage, qui eſt le Ciel. Cela ſeul l'occupe, comptant le reſte pour rien, comme ſi tout devoit ceder aux prétentions qu'il a dans l'avenir, & à l'eſperance de la Gloire qu'il attend, en ſe propoſant, pour le but de tous ſes deſirs, le Royaume que la Foy luy promet. Ainſi tous les vains honneurs qui donnent tant d'occupation à l'ambition des autres hommes, les charges, les établiſſemens, les dignitez, les couronnes, meſme les empires paſſent dans ſon eſprit pour ſi peu de choſe, qu'il ne voudroit pas faire la moindre démarche, ni perdre un deſir pour les mériter, ne pouvant s'abbaiſſer à courir aprés quelque choſe de temporel & de periſſable, n'ayant rien que de divin & de celeſte devant les yeux, bornant tous ſes ſoins à amaſſer ces richeſſes immortelles que la Foy luy deſtine, & ne regardant plus que Dieu pour ſon partage. C'eſt ainſi

que

que vivant dans la chair, il ne vit plus
selon la chair, parce qu'il n'en ressent
plus les mouvemens, & comme s'il estoit déja habitant du Ciel, il est au dessus des impressions de la terre.

Enfin tout ce que la Philosophie a
pû imaginer de hauteur & de fermeté
pour composer le Magnanime, qu'elle
nous propose en sa Morale, dont elle *Lib. 3. Ethic.*
grossit si fort le caractere par des ex- *cap. 7.*
pressions si outrées, qu'on peut dire
qu'il ne s'est jamais veû qu'en idée, &
tout ce qu'elle nous represente de la
noblesse de ses sentimens, sur la pluspart
des affaires du monde, n'a rien qui puisse
entrer en comparaison avec le moindre rayon de cette fierté sainte qui re-
luit en la vie du Prédestiné, dans l'attente de la gloire qu'on luy prépare. C'estoit le sentiment de Saint Ambroise,
quand il faisoit l'éloge d'Abraham,
& qu'il expliquoit cette hauteur d'a-
me dont la Foy l'avoit prévenu. *C'est* Magnus ille
ce grand homme, disoit - il, *que la* vir Abraham,
Philosophie n'a jamais pû égaler, par quem votis
tout ce qu'elle a formé de vœux pour la suis æquare
philosophia
non potuit :

B b

vertu qu'elle enseignoit : car toutes ses idées n'ont pû parvenir à l'exprimer. Et c'estoit ce que Saint Cyprien vouloit dire dans cette admirable description qu'il a faite du caractere du Chrestien en son Livre de la Patience. *C'est, dit-il, par nos actions & non pas par nos discours que nous sommes Philosophes : nous connoissons le veritable prix des vertus, mais nous ne sçavons ce que c'est que d'en tirer de la vanité ; & nous ne nous piquons pas de dire de grandes choses, mais d'en faire.*

Voilà l'esprit dans lequel vivoient ces Fideles de l'ancien Testament dont parle Saint Paul, qui erroient dans les deserts & dans les montagnes, se retirant dans les rochers & dans les cavernes de la terre, parce que *le monde n'estoit pas digne d'eux.* Ce fut par ce mesme esprit que ce Pere des Croyans dont je viens de parler, aprés avoir défait ces cinq Rois, dont le combat est décrit en la Genese, ne voulut point avoir d'autre part au butin que le plaisir d'en faire luy-mesme la distribution à ses alliez, qui venoient de combatre avec luy, ne pouvant se résoudre à s'enrichir des biens de la terre, parce qu'il n'aspiroit qu'à ceux du Ciel, & qu'il n'attendoit, comme dit Saint Paul, *que cette cité bastie sur un fondement solide & inébranlable dont Dieu est luy-mesme le fondateur & l'architecte.* C'estoit par cette élevation d'ame que les anciens Patriarches qui vivoient plusieurs siecles, ne pensoient pas mesme à se bastir des maisons pour les habiter, se regardant comme des étrangers en cette vie, dans une espece d'exil & de pelerinage qui devoit finir, n'envisageant que leur chere patrie, aprés laquelle ils soupiroient, & méprisant tout le reste.

Ce fut dans ce mesme sentiment que Joseph, qui gouverna l'Egypte prés de cent ans en qualité de Vice-Roy sous Pharaon, & avec une souveraine autorité, se tint plus glorieux d'estre citoyen de la celeste Cité, que d'estre premier Ministre dans un des plus puissans royaumes qui fust alors au monde : moins

Non accipiam ex omnibus quæ tua sunt, ne dicas : Ego ditavi Abraham.
Gen. cap. 14.

Expectabat fundamenta habentem civitatem, cujus artifex est & conditor Deus.
Hebr. cap. 11.

Dum sumus in hoc corpore peregrinamur à Domino.
2. Cor. cap. 5.

Dominus fecit me quasi patrem Pharaonis, & dominum universæ domus ejus, ac principem in omni terra Ægypti.
Gen. cap. 45. de Joseph.

touché des grandeurs dont sa faveur l'avoit revestu, que de ses esperances, car il joüit de ces honneurs sans en tirer aucun avantage pour sa maison. Il se trouve mesme des Interpretes qui prétendent, que quand il choisit de ses freres pour les presenter au Roy, qui les voulut voir, ce furent ceux qu'il jugea les moins propres à luy plaire, craignant que ce Prince ne pensast à les élever dans les emplois les plus considerables de l'Estat, & à s'en servir dans son Conseil, ou dans ses Armées, les estimant plus heureux de mener une vie particuliere & commune, comme ils avoient fait jusqu'alors, que de les voir à la Cour dans de grands établissemens : trouvant qu'il estoit plus avantageux pour eux, d'estre *les enfans de la promesse,* comme parle l'Ecriture, en devenant les citoyens du Ciel, que d'estre de grands Seigneurs sur la terre, & dans un Estat où il ne tenoit qu'à luy de les avancer, car il n'aspiroit luy-mesme qu'aprés cette Cité sainte, comme dit Saint Augustin, que la Foy luy proposoit.

Sic Estius, Liranus, Menochius, & Hebræi ferè omnes exponunt in cap. 47. Gen.

Semen Abrahæ, secundùm promissionem heredes. Galat. cap. 3.

Moyse, que la fille de Pharaon avoit adopté, l'élevant à l'Empire, & le regardant comme son heritier, parce qu'elle n'avoit pas d'enfans, prit le parti, ainsi que l'asseûre Saint Paul, de renoncer à toutes ces grandeurs, plûtost que de joüir du plaisir temporel, qu'il y a d'estre élevé selon le monde : préferant l'ignominie de la Croix, que la Foy luy faisoit entrevoir long-temps avant qu'elle arrivast, à tous les tresors de l'Egypte, parce qu'il envisageoit la récompense, aimant mieux estre dans l'opprobre & dans l'affliction avec le peuple de Dieu, que de se voir grand & heureux avec un peuple aussi profane qu'estoit celuy d'Egypte, dont il devoit estre le maistre : & renonçant à la Cour pour se retirer au desert, où il vécut quarante ans à garder les brebis dans une separation du monde, & dans un silence qui luy donnerent lieu de penser plus tranquillement à Dieu, lequel le fit Seigneur d'un plus grand peuple, que celuy qu'il avoit quitté.

Mais considerons avec quel mépris des

Moyses grandis factus negavit se esse filium filiæ Pharaonis, magis eligens affligi cum populo Dei, quàm temporalis peccati habere jucunditatem: majores divitias æstimans thesauro Ægyptiorum, improperium Christi: aspiciebat enim in remunerationem. Hebr. cap. 11.

Cùm venturi, essent, ut raperent, & facerent eum Regem, fugit in montem ipse solus. *Joan. cap. 5.*

grandeurs de la terre le Fils de Dieu, qui a esté le premier des Prédestinez, parut au monde, & avec quelle horreur il entendit ceux qui venoient d'estre les témoins de ses miracles, luy faire la proposition de monter sur le trône, & d'estre leur Roy, s'allant cacher dans le plus profond de la montagne, pour fuir cét honneur dont il n'apprit le dessein qu'en tremblant. Ce n'est que parce qu'il est le Seigneur de toutes choses, qu'il renonce à tout, & l'éclat exterieur de ce qu'il y a de grand en cette vie ne luy paroist indigne de luy, que parce qu'estant Fils de Dieu, il est heritier de toute sa gloire. Et c'est ainsi qu'il ne loûë Saint Jean de rien tant, que de l'aversion qu'il avoit pour la Cour & pour ses délices. Ses Disciples mesmes ne furent point mieux persuadez de l'a-

Beati pauperes, ipsorum est regnum coelorum. *Matth. cap. 5.*

mour de la pauvreté que leur prescha sur la montagne ce divin Maistre, que par la promesse qu'il leur fit du Royaume qu'il leur préparoit. Rien aussi ne leur donna tant de dégoust des biens de la terre, que ce que la Foy leur apprit de leur deſtinée pour les biens & les honneurs du ciel : & quand le Fils de Dieu leur enſeignoit que les Grands qui eſtoient les Maiſtres du monde exerçoient leur empire & leur puiſſance ſur les peuples, il leur dit, qu'eux au contraire ne devoient penſer qu'à eſtre ſoumis en toutes choſes aux autres.

Ce fut ſelon ces meſmes principes que les premiers Chreſtiens dans les ferveurs naiſſantes de la Loy nouvelle, ſe dépoüillant de tout, alloient en foule jetter aux pieds des Apoſtres ce qu'ils poſſedoient de richeſſes temporelles, n'ayant plus en veûë que les éternelles. Et l'on vit du temps de Saint Ignace Martyr & Eveſque d'Antioche, les ſucceſſeurs de ces premiers Fideles, avec la meſme grandeur d'ame commencer à ſentir qu'ils eſtoient Chreſtiens, quand ils n'eſtoient plus touchez de l'apparence trompeuſe des biens exterieurs, & qu'ils ne ſouhaitoient plus rien des choſes viſibles, pour n'aſpirer qu'aux inviſibles. Ces deux freres Paul & Jean valets de chambre de la fille de Conſ-

Principes gentium dominantur eorū. Non ita erit inter vos, &c. Matth. cap. 20.

Incipio Chriſti eſſe Diſcipulus, nihil eorum quæ videntur deſiderans. Hier. de Scrip. Eccleſ.

tantin, si célebres dans l'histoire Ecclesiastique, donnerent par ce mesme esprit tout ce qu'ils avoient aux pauvres, dés qu'ils furent condamnez au martyre par l'Empereur Julien, se regardant déja comme des Prédestinez, à qui tous les biens temporels, aussi-bien que les grandeurs de la maistresse qu'ils avoient servie, commencerent à paroistre peu de chose, en comparaison de cette gloire où ils aspiroient, & dont ils alloient bientost joüir. Ce ne fut aussi qu'en méprisant la Cour, & cette grande consideration où ils y estoient, qu'ils meriterent d'estre placez au Royaume du Ciel, & d'y regner avec celuy qui est le maistre de tous les Souverains de la terre.

Contemnentes aulam Regiam pervenerunt ad regna cœlestia. Antiphon. post lect. 9. officii eorum.

Sainte Agathe se trouva quelque temps auparavant animée du mesme esprit, lors qu'elle déclara avec tant de courage au Préteur de Sicile, sous l'Empereur Dece, que la servitude & l'abjection du Chrestien estoient préferables à tout l'orgueil de la grandeur des Rois, & à tout le faste de leurs richesses.

Multò præstantior est Christiana humilitas & servitus regum opibus & superbia. Ex lect. 1. j. Noct. Officii Sanctæ Agathæ.

C'estoit

C'eſtoit dans cette meſme nobleſſe d'a-
me, que cette généreuſe fille beniſſoit
Dieu avec des ſentimens d'une reconnoiſſance ſi tendre, de ce *qu'il luy* Domine, quia
avoit oſté du cœur l'amour du ſiecle, en abſtuliſti à me
le rempliſſant de ces grandes veûës & amorem ſæcu-
de ces ſaintes eſperances de l'Eternité, li. *Ibid.*
dont la Foy l'avoit tellement préve-
nuë.

Saint Athanaſe raconte que Saint *Athan. in Ant.*
Antoine, dont il a écrit la vie, ayant *vita, cap. 28.*
receû en ſon deſert des Lettres de l'Empereur Conſtantin, de Conſtance &
Conſtans ſes fils, qui luy demandoient
le ſecours de ſes prieres & de ſon cre-
dit auprés de Dieu, il eût de la peine
à leur faire réponſe, ne pouvant ſe réſoudre de rentrer en commerce avec le
monde par des lettres qu'il écriroit à
ceux qui en eſtoient devenus les Maiſtres & conſiderant que ce commerce ne
pouvoit plus eſtre innocent à un Solitaire qui avoit ſi hautement renoncé à tout,
& ne devoit plus en conſcience prétendre
à rien. Et Ruffin nous parle d'un Anacorete, qui ayant eſté viſité dans ſa cellule

par l'Empereur Theodose, se retira promptement du lieu où il avoit receû cét
honneur, afin de se cacher dans l'endroit le plus écarté du desert, pour
n'estre plus exposé à de pareilles visites,
qui sont d'autant plus à craindre, qu'il
est difficile de voir les grands Seigneurs
sans prendre l'esprit du monde : afin
de se mettre par cét éloignement des
conversations de la terre , dans un
estat où il pust joüïr plus tranquillement des conversations du Ciel , &
qu'en fuyant les Grands, il s'attachast
encore plus à celuy qui est au dessus de
toutes les grandeurs.

Ce fut aussi la disposition où se trouva Saint Augustin , dans cét entretien
qu'il eût avec sa sainte mere au port
d'Ostie quelques jours avant qu'elle
mourust. *Vous sçavez* , dit-il, *mon Dieu,
qu'en suite de cette conference tout ce
qu'il y a d'estimable dans le monde ne
nous parut digne à l'un & à l'autre
que d'un fort grand mépris.* Tant les
beautez du Ciel dont ils s'entretenoient,
avoient effacé dans leur esprit tout l'é-

Tu scis, Domi-
ne, quòd illo
die, cùm talia
loqueremur, ut
mundus iste in-
ter verba viles-
ceret.
*Confess. lib. 9.
cap. 10.*

clat des beautez de la terre. Nous apprenons du mesme Saint , que Ne-
bride son intime ami, qui estoit fort
estimé & fort recherché des Grands ,
parce qu'il avoit l'esprit beau, ne se
servoit des lumieres de cette prudence sainte qu'il avoit apprise de la
Foy, par le soin qu'il prit de penser à
son salut, qu'à éviter le commerce des
personnes de la plus grande qualité : car c'estoit les plus considerables qu'il évitoit avec plus de soin, pour n'estre pas mesme connu d'eux , ne pensant qu'à chercher sa seûreté dans sa retrai-
te , & à devenir grand devant Dieu,
en fuyant ceux qui sont grands devant
les hommes.

Prudentissimè cavens innotescere personis secundùm hoc sæculum majoribus. Confess. lib. 8. cap. 6.

Nous lisons dans la vie des Peres
que cét Arsene choisi par le Pape Da-
mase pour élever le jeune Arcade fils
de l'Empereur Theodose , aprés s'estre
retiré dans le desert pour ne plus penser qu'au Ciel, ayant appris qu'un Se-
nateur Romain fort riche l'avoit fait
en mourant heritier de tous ses biens,
ce saint homme qui avoit renoncé au

monde, fuyant la Cour, rempli qu'il estoit des grandes esperances que la Foy luy inspiroit, renonça encore à la succession de ce parent, toute considerable qu'elle estoit, la regardant comme un heritage de la terre, & n'aspirant plus qu'à l'heritage du Ciel.

L'Eglise aussi pleine de ces hauts sentimens, chante tous les jours aux Festes des Martyrs qu'elle célebre, que par le mépris qu'ils ont eû du monde ils sont parvenus à la gloire : & elle chante aux Festes des Confesseurs, qu'en foulant aux pieds les richesses de la terre, ils ont aquis celles du Ciel. Voilà quelle a toûjours esté la noblesse d'esprit, & la grandeur d'ame des vrais Fideles, qui se sentant appellez à une gloire éternelle, n'ont pû avoir que du dégoust pour l'éclat de cette fausse gloire que promet le monde à ceux, qui suivent ses maximes, & qui recherchent sa faveur. La magnanimité du Chrestien porte son ambition bien plus loin, & aspire bien plus haut. C'est ce mépris qu'il fait de la terre dans la veûë du Ciel, qui luy

Istorum est enim regnum cœlorum, qui contempserunt vitam mundi. Antiphon. ad Martyr.

Hic vir despiciens mundum, & terrena, triumphans, divitias cœlo condidit. Antiphon. ad Conf. ss.

éleve le cœur, & qui le rend invincible à tout ce que le siecle a de grand &
d'agreable. Et c'est là, dit l'Apostre,
la victoire de la Foy qui triomphe elle
seule du monde & de ses grandeurs, en
faisant voir au Chrestien ce qui passe
comme déja passé, & ce qui doit avenir comme déja present, en luy rendant vil & méprisable ce qui est temporel par la comparaison qu'elle luy en
fait faire avec ce qui est éternel. Ce
fut là l'esprit de l'Eglise dans les premieres années de sa naissance : c'estoit
là ses sentimens : & elle ne commença
à diminuer en vertus que quand elle
commença à croistre dans l'amour des
richesses de la terre, oubliant celles du
Ciel.

Mais personne n'a mieux exprimé
cette noblesse du caractere du Chrestien, que le venerable Bede, quand il
a dit : *Nous autres Fideles qui avons
commencé à estre plus grands que tout
ce qu'il y a de grand dans le monde,
ne soyons pas si malheureux que d'interrompre le cours de nostre gloire, par*

*Hæc est victo-
ria quæ vincit
mundum, fides
nostra.*
1. Joan. cap. 5.

*Qui sæculo &
mundo majo-
res esse cœpi-
mus, cursum
nostrum nullâ
sæculi cupidi-
tate tardemus.*
Beda in serm.

C c iij

des retours trop inquiets de nos cœurs ſur l'amour du ſiecle. Car enfin ces gens enyvrez de cét amour periront avec les objets periſſables, auſquels ils ſe ſont attachez, parce qu'ils n'ont embraſſé que l'ombre & le fantoſme des biens & des grandeurs de cette vie, au lieu des ſolides & des veritables biens de la vie future. Ce qui eſt preſent aujourd'huy ne le ſera pas demain, & cét heureux avenir que nous attendons le ſera toûjours. Et c'eſtoit ce qui faiſoit dire à Saint Ignace cette belle parole : *Que la terre, & que toutes les grandeurs de la terre me donnent de dégouſt quand je regarde le Ciel !*

Mais à quel comble de perfection ne s'éleve pas cette magnanimité du Fidele, quand détrompé des choſes vaines, & dégouſté des faux plaiſirs, il ne ſoupire qu'aprés les veritables : & occupé qu'il eſt de la penſée du ſouverain Bien qu'il medite jour & nuit, & qu'il a ſans ceſſe devant les yeux pour s'encourager à la perſeverance de ſa fidelité, il ne peut plus ſe réſoudre à aimer une vie pareille à celle-cy, où l'on n'est pas asseûré d'un moment dont on puisse joüir avec quelque sorte de tranquillité! Et dans cette veüë les foibles rayons de toutes les grandeurs humaines s'évanoüissant dans son cœur, il n'a plus de desirs que pour ce repos éternel, qui le fera joüir de Dieu dans tous les siecles, sans crainte de déchoir de cette bienheureuse joüissance : aprés que la Foy luy a appris, que les biens de cette vie sont des maux, & les maux sont des biens à ceux que Dieu aime pour l'éternité.

Car aprés tout, on ne devient susceptible, comme il faut, des impressions qu'on ressent dans la méditation des choses celestes, que quand on commence à entrevoir la fausseté & le néant des choses sensibles & terrestres. Ce qui ne sera pas difficile au veritable Fidele, quand il fera une réflexion bien serieuse, sur la pureté de cette lumiere divine, dont sera suivie la nuit obscure & profonde en laquelle on vit en ce monde ; que lassé des illusions de la vie qu'on y mene, dégousté de cette vaine figure qui s'évanoûït en un moment, & détrompé de la fausseté de tout ce qui n'est que temporel & perissable, il dira avec l'Apostre : *Malheureux que je suis, qui me delivrera de cette vie, qui n'est qu'une veritable mort ?* Qu'il se plaindra tendrement avec le Prophete, en s'écriant : *Helas que mon exil est long ! Je ne vis icy que parmi des étrangers, mon ame s'ennuye dans les langueurs où elle est réduite, estant contrainte de vivre si long-temps avec les ennemis de la paix.* Et qu'il redira sans cesse avec David : *Qu'y a-t-il, Seigneur, dans le Ciel & sur la terre que je puisse desirer, si ce n'est vous ?*

Considerant enfin que les souffrances de la vie presente n'ont aucune proportion avec ce poids de gloire, dont Dieu le doit combler un jour, il gemira, comme dit l'Apostre, avec toutes les créatures, dans l'esperance d'estre bientost delivré de cét asservissement à la corruption, pour participer à la liberté & à la gloire des enfans de Dieu :

Dieu : protestant avec le mesme Apostre, *Qu'il ne respire que d'estre dégagé des liens de ce corps mortel pour s'aller joindre à Jesus-Christ.* Et épris des douceurs que luy donne l'esperance de la gloire, il se récriera, *Que vostre Palais est aimable, ô Dieu tres-puissant! Mon ame se consume du desir qu'elle a d'entrer dans la maison du Seigneur.* Car ce sont là les saints transports & les amoureuses impatiences du Chrestien, qui ne respire que d'estre bientost affranchi de la servitude du peché, pour entrer en la gloire, & y posseder Dieu. C'est-là son esprit, quand il est animé de l'esprit de la Foy : & celuy qui ne gemit pas sur la terre comme un étranger, dit Saint Augustin, n'aura pas la joye de parvenir au Ciel comme un citoyen de cette divine patrie. En effet, quel déplorable endurcissement est-ce de soupirer si peu pour un estat si heureux, quand on est parvenu à en connoistre le prix, & à en concevoir l'importance? Est-ce, dit Saint Gregoire, que nous avons le cœur si dur, & l'esprit

Coarctor, desiderium habens dissolvi, & esse cum Christo. Philip. cap. 1.

Quàm dilecta tabernacula tua, Domine virtutum, concupiscit & deficit anima mea in atria Domini. Psal. 83.

Qui non gemit ut peregrinus, non gaudebit ut civis. Aug. in Ps. 146.

Superba mens nostra non vult hoc sponte de-

D d

ferere, quod
quotidie per-
dit in vita.
*Hom. 5. in
Evang.*

si superbe & si attaché à la vanité, que
nous ne pouvons nous résoudre de quit-
ter de nostre plein gré ce que nous per-
dons tous les jours malgré nous, ou par
l'âge qui nous consume, ou par les di-
vers accidens de la vie ausquels nous
sommes sujets?

Si de si justes desirs de l'autre vie ne
laissoient pas de se faire sentir au temps
mesme que les merveilles de ce Royaume celeste n'estoient pas bien dévelo-
pées, & que les promesses d'une gloire
éternelle estoient encore inconnuës; si
Job, Abraham, Isaac, Jacob, Joseph,
Moyse, David, & tant d'autres Fideles de
l'ancienne Loy soupiroient aprés cette
sainte Sion dont ils n'avoient qu'une
connoissance fort confuse : quelles impressions ne doit-elle point faire sur nous,
qui en connoissons si bien le prix? Ce
n'estoit mesme que la Jerusalem terrestre, aprés laquelle gemissoient la pluspart de ces bienheureux Israëlites, qui
vivoient selon les lumieres ordinaires
de la Loy : & les Chrestiens, à qui le
Royaume du Ciel a esté annoncé dans

toutes ſes circonſtances , & à qui le Fils de Dieu l'a promis ſi ſolennellement , n'en ſeront pas touchez , & ne donneront aucune démonſtration d'impatience dans l'attente d'un eſtat ſi glorieux ?

Où ſont ceux, dit Saint Bernard, qui ſe voyant éloignez ſi long-temps de leur chere patrie & de la preſence de leur divin Rédempteur , ſoupirent ſans ceſſe aprés luy ? Qu'ils ſe conſolent par les ſentimens d'une veritable joye : car c'eſt à eux principalement à qui le Fils de Dieu fera part de ſa gloire. On peut meſme dire que ce deſir ſi ardent de le voir, ces ſaints empreſſemens de le poſſeder, ſont de toutes les diſpoſitions pour le ſalut la plus parfaite : & c'eſt la voye la plus certaine & la plus infaillible pour ſe rendre digne du Ciel. Ce qui eſt ſi vray, qu'au ſentiment de Saint Gregoire, Dieu meſme prend plaiſir de ſe faire deſirer à ceux qu'il appelle à la joüiſſance & à la poſſeſſion de ſa gloire : afin que le retardement de la récompenſe aprés laquelle

Ubi ſunt, qui gemunt pro dilectione regni, & pro abſentia Chriſti , gaudeant, quia Jeſus ſe manifeſtabit illis.
Bernard. ſerm. de Cœn. Domini.

Gregor. in Job. lib. 9.

il les fait gemir, redouble leur ardeur en augmentant leur impatience; & que leur cœur s'agrandissant en quelque façon par la violence de ses desirs, devienne plus capable de le posseder. Car aprés tout, c'est n'estre pas encore digne de luy, que de ne pas soupirer aprés luy : & au sentiment de Saint Augustin, il n'y a que celuy qui sent son malheur en cette vie par la longueur de son exil, qui ait droit d'esperer le bonheur de l'autre vie.

Attendrissons-nous dans la veüë de cette celeste patrie que nous promet nostre Religion : gemissons, soupirons, impatientons-nous des longueurs trop grandes du retardement de la joüissance que nous en esperons, & disons souvent avec ce saint Prophete, qui ne respiroit qu'aprés le bonheur de sa possession : *Delivrez mon ame, Seigneur, de sa prison, afin que j'aille benir vostre nom : car les Justes qui le benissent déja, m'attendent pour leur tenir compagnie, jusques à ce que vous me rendiez la récompense de cette beatitude, où ils sont parvenus.* Mais desirons-la encore plus pour l'interest de Dieu mesme que pour le nostre, afin que nous soyons en estat de le glorifier davantage par la pureté de nos cœurs, estant tout-à-fait libres de la servitude du peché, & affranchis de ce poids de corruption sous lequel nous gemissons.

Et c'est-là proprement le veritable caractere du Prédestiné, de faire éclater par ses larmes, par ses soupirs, & par la profondeur de ses gémissemens l'impatience extréme qu'il a d'aller à Dieu, pour le posseder, & pour joüir de sa gloire, dans le suprême repos de la bienheureuse Eternité. Voilà l'esprit d'une Religion plus grande par le mépris des grandeurs que par les grandeurs mesmes : qui met sa gloire à renoncer aux biens & aux richesses, ayant l'esprit plein de cette sagesse, qui dégouste le cœur de l'homme de tout ce qui est faux, pour ne luy laisser aimer que tout ce qui est vray & réel. Ainsi, malheur à celuy à qui son exil est doux ! Car dés qu'on a de la Foy, on doit

avoir de l'impatience & de l'empref-
fement pour aller joüïr de celuy qui
eft l'objet de nos defirs & de nos ef-
perances, & qui fera le fujet de noftre joye au jour de la révelation de fa
gloire.

Ut in revelatio-
ne gloriæ ejus
gaudeatis exul-
tantes.
1. Pet. cap. 4.

CHAPITRE DERNIER.

Conclufion de l'ouvrage en forme d'ex-
hortation aux Fideles pour penfer
ferieufement à leur falut.

CONCLUONS donc, pour finir
ce difcours, que puifque le bon
fens & la raifon veulent qu'on préfere
ce qui eft éternel à ce qui eft temporel, nous penfions ferieufement à nous
fauver, le falut eftant d'une importan-
tance qu'on ne peut affez eftimer. Et
fi nous fommes fages de cette fageffe
chreftienne, qui eft celle des enfans de
la lumiere dont parle l'Ecriture, ne
reglons plus nos defirs, nos inclinations,
noftre eftime, nos jugemens, & le difcernement univerfel que nous ferons

Prudentiores
filiis lucis.
Luc. cap. 16.

de toutes choses, que fur la grande ré-
gle de l'Eternité. N'ayons plus defor-
mais d'autres veües que celles qu'elle
nous donnera : n'entreprenons plus rien
que par fes confeils ; & qu'elle foit enfin noftre guide dans tous les pas &
dans toutes les démarches que nous
ferons obligez de faire en la vie. Ne
baftiffons plus fur le fable felon le confeil
de l'Evangile, mais fur la pierre fi nous
voulons baftir folidement. Détachons
nos cœurs de ce qui finira, pour les attacher à ce qui doit toûjours durer.
Helas, nous nous laffons à pourfuivre
pendant une vie qui eft fi courte un miferable établiffement, qui ne peut nous
donner que de l'inquietude, jamais de
repos, & qu'il faudra toft ou tard abandonner : & nous ne penfons pas à cét
établiffement éternel dont la veûë devroit nous confoler dans les afflictions,
& nous encourager, dans les peines où
eft fujete cette vie miferable que nous
traifnons, accablez fous le poids d'une
condition mortelle, qui n'a rien que
d'amer & de douloureux.

Considerons la misere de ceux, qui s'estant laissez ébloüir aux apparences trompeuses de la vanité, esperent aux récompenses du monde, aprés s'estre tant de fois perdus dans leurs folles prétentions qui n'ont rien que de vain & de frivole, parce que rien n'est réel & solide que ce qui est éternel. Qu'au moins ce néant des grandeurs de la terre, qui a encore un reste d'éclat pour les esprits superficiels, ne nous impose plus à nous autres qui sommes éclairez d'enhaut, & détrompez de la fausseté des choses vaines qu'on estime dans le siecle, toutes méprisables qu'elles sont. Ainsi ne jugeant plus en Payens de ces fausses lueurs des choses visibles, que nos yeux soient Chrestiens, comme l'est nostre croyance, pour parler selon le langage de Saint Augustin, qui traite d'Infideles ceux, lesquels se laissent encore ébloüir aux vaines images des choses apparentes & materielles. Suivons l'exemple de ce saint Patriarche dont parle Saint Paul, qui avoit toûjours devant les yeux cette veritable terre promise

mise d'enhaut , dont celle d'icy - bas n'estoit que l'ombre & la figure. Vivons sur la terre comme des étrangers qui ne doivent soupirer qu'aprés leur chere patrie, par un dégoust universel de tout ce qui les en éloigne : car quelle folie de préferer les ténebres de cette vie aux splendeurs de l'autre ?

Imitons ces sages Pilotes, qui dans le cours de leur voyage sont attentifs à regarder sans cesse le Ciel, pour chercher leur route dans celle des estoilles. Ce sera dans ce grand volume des merveilles de Dieu, où sa loy est marquée par des caracteres qui ne peuvent s'effacer, que nous apprendrons le chemin qu'il faut tenir pour arriver à la gloire qu'il nous promet. Marchons donc pendant que nous avons de la lumiere, comme nous y exhorte l'Apostre : car il surviendra une nuit, pendant laquel- *Venit nox, quando nemo potest operari.* le on ne pourra plus marcher. Si la Foy *Joan. cap. 9.* est encore assez vive dans nous, elle nous pressera de prévenir les maux dont nous sommes menacez par les occasions continuelles du peché, & de prendre

E e

nos feûretez, en faifant tout le bien
qu'il faut dans une affaire aufli importante qu'eft l'affaire du falut. Et en verité, le Chreftien ne peut avoir l'efprit plein de ces hautes veritez, fans
penfer à fe rendre digne des grandeurs,
qu'une efperance certaine luy promet.
Car enfin, ce n'eft pas un rameau d'o-
live, ni une branche de laurier qu'on
luy propofe, ce n'eft pas une ftatuë
de marbre ou de bronze qu'on luy
fait efperer, ni de le nourrir aux dépens du public, qui eftoient les ré-
compenfes qu'on propofoit autrefois
dans Athenes à ceux qui avoient fi-
dellement fervi la patrie, comme dit
Saint Chryfoftome, dans un raifon-
nement qu'il fait fur l'Evangile de
Saint Mathieu : mais c'eft un Royaume éternel, & une gloire immortelle.
Que fi une récompenfe fi précieufe
& fi importante n'eft pas capable de
toucher un cœur, je ne fçay s'il y a
quelque plus forte confideration qui
puiffe le faire.

Car le vray Fidele qui fe fent né

pour l'éternité, & qui ne voit pas moins
que la possession d'un Royaume éternel, qui luy est destiné, dont la Foy
luy donne une asseûrance certaine, devient tellement sensible à cette esperance, qu'il ne peut avoir dans la vie
d'autre attention qu'au Ciel, ni d'autre occupation que celle de la pensée
de l'Eternité. C'est dans des sentimens
si saints, dont il est pénetré, qu'il attend avec une humble patience & avec
un silence chrestien, que cét exil où
il est condamné, passe : ne pensant luy-
mesme qu'à se réserver, pour arriver
enfin à ce lieu de repos, qui est sa veritable patrie. C'est aussi ce qui le fait
ménager avec une vigilance sainte &
religieuse tous les momens de sa vie,
lesquels ne luy paroissent précieux que
parce qu'il peut en aquerir l'éternité, persuadé qu'il est de l'extréme folie qu'il y a de renoncer à des biens si
durables & si solides, pour des plaisirs
si fragiles & si courts. Et quel sujet de
desespoir sera-ce au Réprouvé d'avoir
rejetté avec tant de mépris les moyens

Bonum est præstolari cum silentio salutare Dei. Thren. Jerem. cap. 3.

que Dieu luy avoit offert pour devenir éternellement heureux avec si peu de peine, sur tout quand il verra le juste qu'il opprimoit, élevé dans la gloire, & placé parmi les enfans de Dieu?

Soyons nous-mesmes vigilans de cette vigilance chrestienne qui nous est si fort recommandée dans l'Evangile. Ayons sans cesse devant les yeux ce divin spectacle des choses celestes, qui fait disparoistre tous les autres objets, parce qu'ils n'ont aucun rapport à ce royaume qu'on nous promet. Pensons du moins, pour exciter nos cœurs à cette attention toute sainte, oüi, pensons dans le temps ce qui doit se faire dans l'éternité. Ayons incessamment dans le cœur ces sacrées paroles du Sauveur, si capables d'animer la foiblesse de nostre foy, & l'incertitude de nostre esperance : *Heureux le serviteur qu'il trouvera veillant, quand il viendra ! Je vous dis en verité qu'il l'établira sur tous ses biens.* Commençons à souffrir courageusement les maux de cette vie, dans

Ecce quomodo computati sunt inter filios Dei, & inter sanctos sors illorum est. *Sap. cap. 5.*

Beatus ille servus, quem cùm venerit dominus, invenerit vigilantem. Amen dico vobis super omnia bona sua constituet eum. *Math. cap. 24.*

l'attente des biens de l'autre : ſoupirons aprés ces ſalutaires momens de ſouffrance & de tribulation , deſquels un poids de gloire qui ne doit point finir, ſera le prix : & dans la veûë de la récompenſe que nous eſperons, prenons en patience ce que nous ſouffrons. Ces forts dont nous parle l'Evangile, qui raviſſent le Ciel, ne ſont forts que par la patience, que la Foy, qui eſt toûjours victorieuſe du monde, leur inſpire. Ne ſçavons-nous pas qu'un ſi précieux treſor mérite bien qu'on ſe faſſe violence, puis que ce n'eſt que par la violence qu'on peut l'emporter ? Et ſouvenons-nous que ce n'eſt que par la Croix & par la tribulation qu'on ſe rend digne d'entrer dans le Royaume de Dieu , comme diſoit cét Apoſtre aux nouveaux Chreſtiens qu'il venoit de convertir.

Hæc eſt victoria quæ vincit mundum, fides noſtra.
Joan. 1. cap. 4.

Per multas tribulationes oportet nos intrare in regnum Dei.
Act. cap. 14.

Si nous demeurons fermes dans une ſi ſainte réſolution, la main du Toutpuiſſant nous ſouſtiendra, & la lumiere d'enhaut diſſipera nos ténebres, pour ne nous laiſſer plus rien voir que le Ciel & l'Eternité. Et pour ne perdre jamais de veûë cét objet si digne d'occuper tous nos desirs & toutes nos pensées, pensons souvent à cette parole du divin Apostre, *Que nous n'avons point en cette vie de demeure stable , mais que nous cherchons celle de la vie future , que nous devons habiter.* Ce n'est qu'en Dieu & dans la méditation des choses éternelles que nous trouverons ce repos, aprés lequel nous soupirons, comme Dieu ne le trouve qu'en luy. Nous ne sommes pas faits pour le trouver icy & pour en joûïr, si ce n'est d'une maniere fort imparfaite, parce que la condition de cette vie est de combatre, pour meriter la couronne qui nous est promise. Desirons le Ciel comme le terme où nous aspirons ; & pour nous en rendre dignes autant que nous le pouvons dans la fragilité de la chair qui nous environne, disons souvent à Dieu avec le Prophete : Faites, Seigneur, dans toute l'étenduë des bontez que vous inspire vostre grande misericorde & vostre ineffable benignité, que nous ayons part au rétablissement de la Jerusalem céleste, pour rebastir les murailles de cette divine Cité : car nous sommes destinez à entrer dans la structure de cét édifice celeste, estans prédestinez à la gloire, comme nous le sommes. Regardons-nous aussi comme des étrangers sur la terre pour soupirer encore davantage aprés le ciel : puis que celuy qui ne se regarde pas comme un voyageur en ce monde, dit Saint Augustin, ne doit point prétendre à devenir habitant de l'autre. *Aug. lib. 4. c. 17. de Gen. ad litt.*

Mais sur tout, étudions nous à rechercher en cette importante affaire du salut où il y a tant à risquer, toute l'asseûrance que la prudence ordonne dans un passage aussi dangereux qu'est celuy de la mort, en craignant de déplaire à Dieu pendant cette vie. Ainsi ne pensons qu'avec frayeur & avec tremblement à l'ouvrage de nostre salut, selon le conseil de l'Apostre. *Cum metu & tremore salutem vestram operamini. Phil. cap. 2.* N'attendons point à implorer les misericordes de Dieu, lors qu'il faudra paroistre devant ce terrible tribunal de sa Justice, pour luy rendre compte de nos actions & de noftre conduite. Car toutes les prieres qu'on fait dans de pareilles circonftances font toûjours intereffées, parce qu'elles ne partent d'ordinaire que d'un fond d'amour propre, ou bien d'une crainte fervile : en quoy le pur amour de Dieu, & le defir fincere de fa gloire ont peu de part.

Quelque lumiere qu'il faffe éclater dans nos ames, par la grandeur de fes bontez les plus tendres & les plus mifericordieufes, fouvenons-nous toûjours de l'extréme mifere de nos corps, qui ne font que des vafes de terre, fujets à tous les accidens qui naiffent de l'inconftance & de l'inftabilité des chofes humaines. Mais pour aller au devant des infirmitez d'un fi miferable eftat, & pour affermir nos efprits contre les foibleffes où ils font expofez, commençons felon le confeil de l'Apoftre à poffeder par la Foy, qui eft la fubftance & la réalité des chofes qu'on efpere, ce Royaume qui nous eft promis. C'eft à ce Royaume, comme à l'accompliffement & à la confommation des myfteres, que

nous

nous devons aspirer. Nous n'avons icy bas que l'ombre & que l'image des choses ausquelles nous aspirons : la verité en est là-haut dans sa source & dans sa pureté. L'ombre a esté dans la Loy l'image de l'Evangile, & la verité ne peut estre que dans le Ciel : si nous l'aimons, élevons nos desirs vers elle dans le lieu de son séjour, où est celuy de la paix, de la joye, & de la felicité. Faisons réflexion au prix & à la récompense : considerons que tout brillera dans ce lieu de délices, de la seule montre de la majesté du Fils, & de la grandeur de la magnificence du Pere ; & que ce qui se donne en cette vie goutte à goutte, se donnera dans l'autre par des torrens. Les délices & les plaisirs, qui sont les fruits de la justice, se trouveront dans une abondance pareille aux gouffres & aux abismes les plus profonds de la mer, comme dit le Prophete. Ne craignons donc plus la mort, qui ne peut nous ravir que de faux biens, pour nous mettre en possession des biens veritables.

Ab ubertate domus tuæ, & torrente voluptatis potabis eos. Psal. 35.

Facta sicut flumen pax tua, & justitia tua sicut gurgites maris. Isa. cap. 48.

F f

N'allons donc plus comme ce Riche de l'Evangile demander inutilement & mal à propos, comme le dit Saint Augustin dans ses Confessions, ce qu'il faut faire pour parvenir à la vie éternelle : nous en sommes instruits autant qu'il faut, & nous ne pouvons plus l'ignorer, aprés que le Fils de Dieu s'est donné la peine de nous en instruire luy-mesme ; & la Religion nous en fait tous les jours de suffisantes leçons, par la bouche des Prédicateurs, & de ceux qui sont établis pour avoir le soin des ames. Au reste, comme l'instruction que receût ce Riche du Sauveur pour son salut, ne le regardoit qu'en particulier, & qu'aprés avoir gardé les commandemens de la Loy on luy conseilloit le renoncement aux richesses & aux biens temporels : il peut y avoir d'autres voyes pour le Ciel que celle-là, qui ne regarde que ceux qui ont de l'attachement à leur bien, comme avoit ce jeune homme, qui vouloit à la verité se sauver, mais qui n'eût pas la force de suivre le conseil que luy donnoit celuy qui eſt la voye, la verité & la vie. Tant il y a d'obſtacles au ſalut dans l'uſage qu'on fait des richeſſes, & dans l'attachement invincible qu'on y a.

Ainſi apprenons aux riches ce que Saint Paul conſeilloit à ſon diſciple favori de leur enſeigner, & de leur répeter ſouvent de ne point s'abandonner à cét orgueil, qui eſt ſujet à leur inſpirer de la dureté, en leur inſpirant l'indépendance, & de ne point mettre leur ſeûreté & leur confiance en des biens qui periront, mais dans le Dieu vivant, qui fournit avec abondance ce qui eſt neceſſaire à la vie. Avertiſſonsles d'eſtre humbles, charitables, bienfaiſans, & ſur tout, de devenir riches en bonnes œuvres, de faire part de leurs biens à ceux qui en ont beſoin, de s'aquerir un treſor dans le Ciel, & de penſer à s'établir un fondement ſolide pour l'avenir, & pour ſe ſauver avec cette ſeûreté que la prudence de la Foy conſeille à ceux qui ont commencé à connoiſtre le prix d'une ſi importante affaire. Mais apprenons à ceux qui vivent

Ego ſum via, veritas & vita. Joan. cap. 14.

Divitibus hujus ſæculi præcipe non ſublime ſapere, neque ſperare in incerto divitiarum, ſed in Deo vivo, &c. Tim. 1. cap. 6.

F f ij

dans la molleſſe & dans la douceur d'une vie mondaine, ſous un chef couronné d'épines & accablé de douleur, à s'effrayer de la fauſſe paix & de la dangereuſe ſecurité où ils vivent. Tremblons nous-meſmes de frayeur à la ſeule penſée de ces foudroyantes paroles dont Dieu ſemble menacer ceux, qui enyvrez de l'amour de la vie, cherchent avec tant de ſoin & avec tant d'ardeur leur ſatisfaction dans la joüiſſance des biens qu'ils poſſedent, quand il leur dit d'un ton redoutable : *Malheur à vous, qui avez voſtre conſolation en ce monde!* C'eſt à dire, qui vivez contens dans l'uſage que vous faites de vos richeſſes : *Malheur à vous qui eſtes dans la joye & dans les plaiſirs! Malheur à vous qui avez de grandes réputations, & de qui on dit tant de bien!* Malheur à ceux meſmes qui s'étudient à bien vivre, en faiſant de bonnes œuvres, dont ils tirent de la vanité, & s'en glorifient, car *ils ont déja receû leur récompenſe.* Et ce fut la réponſe que fit Abraham au mauvais Riche, quand il luy demandoit avec tant d'empressement une goutte d'eau, pour luy servir de rafraischissement dans les flammes qui le brûloient. *Souvenez-vous*, luy disoit-il, *des biens que vous avez receû en cette vie, pendant laquelle le Lazare n'a eû que des maux : c'est pourquoy il est maintenant dans la joye, & vous estes dans les tourmens.* C'est ainsi que Dieu partage ses faveurs, & que ceux qui sont heureux en cette vie ne doivent pas l'estre en l'autre. C'est une justice que cette distribution des biens & des maux, à laquelle Dieu est en quelque façon obligé, & qu'il observe par cét esprit d'équité qui luy est ordinaire.

Mais redoublons toutes nos frayeurs à la seule idée de ces terribles paroles que Dieu prononcera au jour de sa colere, quand il condamnera les Réprouvez, & qu'il leur dira : *Allez, malheureux, retirez-vous de moy, c'est pour vous & pour les Anges rebelles que le feu éternel est préparé.* Suivons nous autres le conseil de ce saint Evesque, qui avoit l'esprit si plein des choses celestes. *Si*

Recordare quia recepisti bona in vita tua, & Lazarus similiter mala : nunc autem hic consolatur, tu verò cruciaris.
Luc. cap. 16.

Discedite à me maledicti, in ignem æternum, qui paratus est diabolo & Angelis ejus.
Matth. cap. 25.

F f iij

Tam diligenter curemus bona cœlestia, quàm terrena curavimus.
Paulin. epist. 29.

nous voulons nous sauver, recherchons les choses du Ciel avec autant d'ardeur, que nous avons autrefois recherché les choses de la terre. Soupirons aprés la joüissance de ce repos éternel, que nous esperons. Attachons-nous à la contemplation continuelle des biens celestes, dont le Fidele doit faire la nourriture de son esprit la plus ordinaire, comme l'Ange de Tobie qui se nourrissoit de la pensée de plaire à Dieu, & de faire sa volonté. Ne cherchons point d'autre beatitude en cette vie, que celle de penser à la joüissance de l'autre. Gemissons sans cesse aprés la possession de ce souverain bien, dont la seule pensée efface tous les autres biens. Jettons souvent les yeux sur ce divin Rédempteur, qui estant l'auteur de nostre Foy, comme dit Saint Paul, en a esté aussi le consommateur. C'est luy qui a fait la beatitude du Pere dans l'Eternité, & c'est luy qui fera la nostre dans tous les siecles. Goustons bien ces divines paroles du Sage, que la source de l'immortalité est de connoistre son ineffable Justice, & de bien

Nosse te, & scire justitiam & virtutem tuam, radix est immortalitatis.
Sap. cap. 15.

comprendre ſa ſuprême puiſſance : puis
qu'en le poſſedant nous trouverons en ce
treſor immenſe des richeſſes divines, une
ſi grande abondance, & une ſi grande
varieté de choſes aimables, que toute
l'Eternité en ſera occupée. Car alors
cette Sageſſe ineffable qui s'eſtoit voi-
lée ſous les ombres & ſous les figures
des deux Loix, comme ſous autant d'é-
nigmes myſterieuſes pour exercer noſtre Foy, ſe manifeſtera dans toute la
plenitude de ſes lumieres & de ſes graces aux Bienheureux, & il employera
tous les treſors de la Divinité, pour
combler de biens leur indigence.

Mais c'eſt à vous, divin Rédempteur,
de redoubler la force de voſtre bras
tout-puiſſant pour oſter tous les obſtacles à la conſommation de cette abon-
dante rémiſſion, que vous avez déja
commencée par le prix de tout voſtre
Sang pour le ſalut des hommes. C'eſt
voſtre gloire que la liberté des enfans
de Dieu dont vous les avez mis en poſſeſſion en les delivrant de la ſervitude
du peché ; & cette gloire ne peut eſtre

souverainement accomplie que par l'accomplissement de leur beatitude. Ainsi
nous implorons la continuation de vostre secours pour remplir nos esprits de
l'esperance de vos misericordes, en remplissant nos cœurs de la consolation de
vos promesses. Il est de vostre souveraine sagesse d'achever l'ouvrage le plus
grand de vostre souveraine puissance :
car enfin la gloire du Sauveur est le salut du pecheur. Ainsi brisez nos liens,
rompez nos chaisnes, & détruisez tout
ce qui peut servir d'obstacle à cette
sainte liberté, aprés laquelle nous soupirons : faites-nous mourir à tout avant
que de mourir à nous-mesmes.

O Pere Eternel, vous avez livré vostre Fils à la mort, afin que pas un de
ceux qui croyent en luy ne perisse.
Ne laissez donc pas perir celuy de tous
qui desire davantage de souffrir avec
luy, & qui ne demande part à sa gloire qu'aprés avoir eû part à sa Croix :
puis qu'on ne doit point prétendre regner avec luy qu'aprés avoir souffert
avec luy. Ce ne sont que les compagnons

*Si sustinebi-
mus, & conre-
gnabimus.
2. Tim. cap. 2.*

*Si compati-
mur, & conglo-
rificamur.
Rom. cap. 8.*

gnons de ses combats qui seront les compagnons de son triomphe , & il faut avoir lavé ses vestemens dans le sang de l'Agneau, dans le principe de l'Apostre, pour parvenir à sa gloire, qui a esté le prix de son Sang. Car encore une fois, les esprits lasches ne doivent rien attendre d'un Dieu qui ne promet son Royaume qu'aux violens.

Sur ce principe ne differons plus à déclarer la guerre à nos desirs, n'accordons plus rien à nos inclinations, & renonçons-nous nous-mesmes, pour entrer dans le partage de cette gloire qui ne se donne qu'à ce prix - la. C'est le parti que doivent prendre tous ceux qui sont touchez d'un amour pur & sincere de leur salut, parce qu'aprés tout ce n'est que par la résistance qu'on se fait à soy-mesme & à ses cupiditez qu'on se sauve. Pour moy, mon Dieu, qui avez eû la bonté de me prévenir déja de vos misericordes , je suis dans la résolution de ne chercher desormais aucune douceur , ni aucune consolation, que dans la méditation de la bienheureuse Eternité. Heureux mille fois, si je puis m'occuper d'une si sainte pensée le reste de mes jours dans le peu que j'ay à vivre ! Tout ce qui est passager & temporel ne fera plus d'impression sur moy. Je n'auray de souhait ni de prétentions que pour ce qui durera toûjours : je n'aimeray que cette beauté qui est la source de toutes les beautez ; & je m'oublieray plûtost moy-mesme, que d'oublier jamais cette divine & cette celeste Jerusalem qui doit estre ma demeure éternelle, l'objet de ma joye, & le terme de tous mes desirs & de toutes mes esperances. Et c'est alors que pour finir par où j'ay commencé, conformément au sentiment de l'Apostre, je ressentiray cette joye qui est attachée à nostre Religion par le salut de l'ame, qui est la fin & le couronnement de nostre Foy, laquelle n'est, comme j'ay dit d'abord, ni agréable, ni accomplie à nostre égard que par la promesse qu'elle nous fait d'un Royaume éternel. Et c'est ce qu'Esdras conseilloit aux Fidelles de l'ancienne Loy, quand il

Si oblitus fuero tui, Jerusalem, oblivioni detur dextera mea.
Si non proposuero Jerusalem in principio lætitiæ meæ.
Psal. 138.

Credentes exultabitis lætitia, reportantes finem fidei vestræ, salutem animarum.
1. Pet. cap. 1.

leur difoit qu'ils devoient concevoir de la joye de leur propre gloire, par des actions de graces à ce souverain Seigneur, qui les avoit appellez pour estre des Rois dans le Ciel.

Accipite jucunditatem gloriæ vestræ, gratias agentes ei qui vos ad cœlestia regna vocavit. Esdr. lib. 4. cap. 2.

FIN.

PERMISSION
du R. P. Provincial.

JE souffigné Provincial de la Compagnie de Jefus en la Province de France, fuivant le pouvoir que j'ay receû de noftre R. P. Général, permets au P. René Rapin de la mefme Compagnie, de faire imprimer un Livre qu'il a compofé, qui porte pour titre, *La Vie des Prédeftinez dans la bienheureufe Eternité,* & qui a efté veû & approuvé par trois Theologiens de noftre Compagnie. En foy & témoignage de quoy j'ay figné la Prefente. A Paris le vingt-troifiéme jour d'Octobre mil fix cens quatre-vingts-trois. Signé, CLAUDE COLLET.

EXTRAIT DU PRIVILEGE
du Roy.

PAR Lettres Patentes du Roy, données à Paris le 17. Avril 1683. fignées LE PETIT, & fcellées du grand Sceau de cire jaune, il eſt permis à Sebaſtien Mabre-Cramoiſy, Imprimeur du Roy, & Directeur de ſon Imprimerie Royale du Louvre, d'imprimer un Livre compoſé par le Pere Rapin de la Compagnie de JESUS, & intitulé, *La Vie des Prédeſtinez dans la Bienheureuſe Eternité*, & ce en tel volume, de tel caractere, & autant de fois que bon luy femblera pendant le temps & eſpace de dix années confecutives, à compter du jour qu'il fera achevé d'imprimer. Avec défenfes à toutes fortes de perfonnes, de quelque qualité & condition qu'elles foient, d'imprimer, ou faire imprimer ledit Livre, fous quelque prétexte que ce foit, à peine de confifcation des exemplaires contrefaits, de mille livres d'amende, & de tous dépens, dommages & interefts.

Regiſtré ſur le Livre de la Communauté des Libraires & Imprimeurs de Paris le neuviéme Juin mil ſix cens quatre-vingts-trois. Signé, C. ANCOT, Sindic.

Achevé d'imprimer pour la premiere fois le 26. Octobre 1683.